珍藏本
纪念版

汉译世界学术名著丛书

对劳动的迫害及其救治方案

或

强权时代与公理时代

〔英〕约翰·勃雷 著

袁贤能 译

商务印书馆
SINCE 1897 The Commercial Press

2017年·北京

J. F. Bray

LABOUR'S WRONGS AND LABOUR'S REMEDY

OR,

THE AGE OF MIGHT AND THE AGE OF RIGHT

London School of Economics and Political Science(University of London)1839.

根据英国伦敦大学经济政治学院1839年版译出

汉译世界学术名著丛书
（120年纪念版·珍藏本）
出 版 说 明

2017年2月11日，商务印书馆迎来120岁的生日。120年前，商务印书馆前贤怀揣文化救国的理想，抱持“昌明教育，开启民智”的使命，立足本土，放眼寰宇，以出版为津梁，沟通中西，为中国、为世界提供最富智慧的思想文化成果。无论世事白云苍狗，潮流左右激荡，甚至战火硝烟弥漫，始终践行学术报国之志，无改初心。

迻译世界各国学术名著，即其一端。早在20世纪初年便出版《原富》《天演论》等影响至今的代表性著作，1950年代后更致力于外国哲学和社会科学经典的译介，及至1980年代，辑为“汉译世界学术名著丛书”，汇涓为流，蔚为大观。丛书自1981年开始出版，历时三十余年，迄今已推出七百种，是我国现代出版史上规模最大、最为重要的学术翻译工程。

丛书所选之书，立场观点不囿于一派，学科领域不限于一门，皆为文明开启以来，各时代、各国家、各民族的思想与文化精粹，代表着人类已经到达过的精神境界。丛书系统译介世界学术经典，引领时代思想，为本土原创学术的发展提供丰富的文化滋养，为推动中国现代学术和现代化进程做出了突出的贡献。

为纪念商务印书馆成立120周年，我们整体推出“汉译世界学术名著丛书”120年纪念版的珍藏本，寄望既利于文化积累，又便于研读查考，同时向长期支持丛书出版的译者、编者和读者致以敬意。

两甲子后的今天，商务印书馆又站在了一个新的历史时间节点上。我们不仅要铭记先辈的身影和足迹，更须让我们的步伐充满新的时代精神。这是商务人代代相传的事业，更是与国家和民族的命运始终紧密相连的事业。我们责无旁贷，必须做好我们这代人的传承与创造，让我们的努力和成果不仅凝聚成民族文化的记忆，还能成为后来人可以接续的事业。唯此，才能不负前贤，无愧来者。

商务印书馆编辑部

2017年10月

目　次

原　序

无论在什么时候，倘使在人事里边有了任何一点危机，一定有一些人，不待你去请教，就会像教士宣道一样，谆谆善诱地，将现在的一切粉饰得好好儿的。他们对于现存的制度和行动方式的革新运动，总是要不遗余力地而且诡计多端地予以打击；并且对于明白的人是用理智去说服，而对于怯懦的人则用恐吓的手段使之不敢作声并且还乖乖地忍受所加于他们身上的一切灾祸。这些恐怖分子们，既然是属于同一的阶级并且又抱着共同的目的，所以就都有了一种企图，要使人民相信现在的一切，几乎都是好到不可能再好的地步了——凡是他们所忍受的区区灾祸，都是人类生存的必然后果——他们替政府所负的重担，是可以用一步一步的和不知不觉的改善方法来减轻的——现在社会的阶级高低所引起的贫苦的和受压迫的人们所以如此不满的情绪，本来就是常常存在着的，所以在任何时候，也是必须存在着的——并且各生产阶级要想干预这种“自然的社会设施”来改进他们自己，一定是会遇到最不幸的后果。

不管这些人民的朋友们的贤明的忠告和忧郁的预言是怎样的，人民群众却是一直不停地尽了他们所有的一切力量，通过政治的会社和各种行业的工会，来改变现状，并且要替他们自己保留着

每年都是循着现存惯例从他们身上取走的大量财富。可惜各生产阶级的人们,因为在主观上觉得正义是在他们这一方的,所以一直只认为目的是比手段要紧;并且迄今尚未达到目的的理由,也只不过是因为手段没有准备好的缘故。人民群众早已就在争取的社会和政治权利的平等,是可与理性和正义一致符合的,或者也可以不一致的。倘使是不一致的,那么就会有一班人,因为他们的普通权利和特殊权利是在平等的幌子下被人民所侵犯了的缘故,一定会将人民群众的无知和过失,一一都揭露出来的。但是这样的权利平等,倘使与人力所不能转移的有关真理和正义的原则是一致的,那么人民群众就将义不容辞地、全盘地和不容迟疑地来争取它的;并且也不宜一点一点地向人恳求那些应该是毫不犹豫地立即移交给他们的东西。

在政治问题上所存在的意见分歧和在单纯的政治平等方面所见到的种种不正常现象,仍是需要更多于已经提出了的证据,以便决定任何一种特殊的政府救治方法的效力,是否能够达到其所欲达的目的。生产阶级的第一大目的,就是要,凭一种从基本原则出发的推理和用一种以理论与事实作基础的严格比较,获得这样的证据和一切对于社会变革的要求的前提。倘使他们对于原则的知识一直不是这样缺乏的话,那么现在对于很多在枉费力气的申冤雪恨的奋斗中已经受到摧毁的强大政治和各种行业的联合组织的命运,他们也不必去痛哭哀悼了。除非人们能将一切原因都找出来并且都消灭干净,人们就永不能逃避一切后果的。无论我们用这种研讨所得到的结论是什么,或者是关于某几种政府改革的优越性方面的,或者是关于现在的社会制度的性质是否适当方面的,我们的这一番探讨对于真理总是有贡献的。我们对于没有人知道和不能解析的东西在暗中摸索的无知行动,亦常凑巧撞到了多年的辛勤和有一贯计划的努力所不能发现的真理。

凡与政治的或社会的变革是休戚相关的,不管是从现在的状况来看,或者是从将来的远景来看,社会上就没有一个阶级能够比生产阶级与政治的或社会的变革的关系更为密切;并且也没有其他一个阶级是这样迫切地要负起寻找真理和顾到将来的使命。生产者正像经济学家们所说一样,因为是临于“在生存的边缘”,亦即,正像他们之中成千成万的人一样,生存在朝不保夕的情况之中,所以他们对于冲打或撞击现在社会设施——政治方面的或商业方面的——的暴风雨,只好百依百顺,并且他们所处的地位正是适当其冲。任何一种情况,既然要影响到某一阶级,也就要以加倍的力量立即就反影响到生产阶级身上——社会的任何部分,凡是受到任何一点损失的,归根结底都是由生产阶级来弥补的。生产阶级的人们,既然是落在这样的处境中和地位上了,所以一切都得仰赖那些对于他们是毫无一点同情心的人与阶级了,当然他们也就要自作决定,到底要不要设法改善他们的现状并且还要找出到底什么是达到改善目的的特殊有效手段。每年和每日的经验就告诉他们,虽然他们对于造成现状的主导原因的知识是受到限制,但是他们所知道的并不少于那班一直就自命为监管和指导他们的人。盲目服从已成的权威和习俗的时代,已经是在消逝了;因为一切重要的事件,凡是人所知道的,都已足以说明一般统治阶级,对于这些日益昭著的伟大真理和原则,根本就不能有所体会,并且也完全是应付乏术,指导无能了。

倘使生产阶级希望能够一帆风顺找到一种救治良方的话，那么他们必须在足迹没有到过的道路上进行，而不为这样孜孜不倦地一点一点灌注到他们心里的观念所束缚，以为他们自己是低人一等的，并且现存的习俗是永远不能改变的。生产的人们，作为被有钱的统治阶级所压迫的人而论——姑且不论他们现在的地位就是贫困的被统治阶级——对于已成的制度是神圣不可侵犯的说法，可以置之不理：他们只须决定是否能够将一直使他们贫困的社会整体以及因为他们的贫困而压迫他们的政府部门都改变过来就好了。至于那种必需知识的获得，只能是立即求之于各种基本的原则了。在一位作了种种努力来支持现在的制度的人的话里边，我们现在的处境也正是“这样的情形，倘使人民能看得到的话就是为了在原则上运用信心”。在最近的将来仍旧还是黑暗的和变幻的，而最后的命运却已注定是光明的时候，到底什么是真的和唯一的智慧呢？不要向云雾和四围的密林东望西望，也不要呆立不动地害怕路上将发生不测之灾；而是要从伊甸园的大门后边一直看到天堂的大门前面，并且要紧紧向前靠拢，抓住一定的将来才是。一个人在他的政治生活里边，正像在他的道德生活里边一样，在堕入愚昧无知和他的判决易于迷误的时候，就应全心全意照着一切的原则去做，才是万全之计；于是他就可以不因敌对的力量而受到压迫，不因不测之灾而感到威胁，不因沉重的负担而失足。

引　言

“并且当这些事情即将来临的时候，就向上看罢，并且抬起你们的头来；因为你们得救的时候就来到了。”

倘使观前可以知后，倘使时代的讯号已经作了大乱大变的警报，那么现在这个时候就无可置疑地对我们作了一个说明：强权与公理的最后冲突的时候就将到了。让四千年来人类所受的迫害来证明，现在就是这桩事情发生的时候了；让劳动人民的千千万万的受逼难的儿女们的苦痛来证明，现在他们就要使他们的羁绊终归消灭！

按照一切的事理来说，有果必有其因，虽然有的因是隐蔽着的，或不易发觉的；而且在一切的原因中，其最主要者莫如那些原因：就是这些原因，它们产生了普遍的贫困与不满，现竟遍及整个的世界，而且在那些自称为文明的国家里，尤其是如此。各色各样的改革方案，虽然也已经一再提出过了，试行过了，和推翻过了，但是这并不能证明，我们对于这种反常的社会情况，根本是无法改善的。以往的种种失败只能表明整个的世界——世界各国及其政府——对于蹂躏人类已有这许多时代了的绝大罪行的根源与性质，简直还是全不知道。

在地球上的一切国民之中，联合王国的人民乃是受害最深，而且应该是最需要救治的。在全国各地，到处都是不信任和不满意的情绪。社会上没有一个阶级是平安无事的，而且都有一种忧虑不安的感觉——一种噩耗或变革的预兆——渗透了富人和贫民——蹂躏者和被蹂躏者——的胸怀。

不管社会现在是处在什么样的情形之下，它是不能有所异于现状的，无论是从它的组成各部分的性质来看也好，或再从久已就在这些部分上发生作用和影响的情况来看也好。总之现在的情形，对于横行无道和专事勒索的人们来说，确要使之惊骇失措了；但是对于一般正人君子和勤劳的人来说，不论他们是在什么地方，绝不会见到前面有什么可使他们恐怖的事情。

生产阶级的人们，在千方百计专为他们着想的各色各样的救治方案之中，都被弄得迷离失措了。他们所有的救治方案，就数目论，并不少于他们所受的迫害——满可以一比一，但是大多数的救治方案都是没有一点用处；因为它们都是仅仅根据一时所遇到的情况，并不根据有了广大基础的大原则而来的。今年的对症良方，到了明年，就无济于事了；因为用这种良方来治的病症，或者已经转移阵地，或者已经变成是次要的病症了。

我们所需要的，绝不是单靠政府的或某一特殊的救治方案，而是一个普遍的救治方案——一个可以用在无论大小的一切社会罪恶与病症上的方案。生产阶级的人们需要一个良方来医治他们永无止息的劳役——他们需要一个良方来医治他们被逼迫的无所事事——他们需要一个良方来医治他们的穷困——他们需要一个良方来医治他们的困苦，愚昧和过失，一切就因那样的劳役，那样的无所事事，和那样的穷困所造成的。

虽然这样的一个救治良方，似乎是很难找到，可是今后我们将会看到，这并不是绝对不可能的事情。一切科学现在还是未臻完善，尤其是一切科学中的政治学，亦即人类管理的科学，虽然是4 000年来供人公开检阅的巨著，可是人们对它是最不了解。人类进步如此迟慢的理由，就是因为政府的形式（不管是好的或不好的），社会的制度，和社会的状态等都是持续不变且使继起的后代都承继了一种连续不断的思想和行动的方式。人们通常总不去追求事物的基本原理：他们都是就其所见所闻，来了解这个世界，并且只能看到他们自己国家当时的社会状态，政府的形式，或宗教信仰。但是人类智力的幼稚时代正在消逝，人类的思想将要飞黄腾达到了空前未有的程度。倘使人们的视线常是限于欧洲的里程碑，那么新大陆美洲就仍不得而知了：所以我们必须勇敢地越过包围我们的既成事实的界限——这种界限使人坐井观天，只知智力和体力生活的较低劣部分罢了——然后我们才能看到并且获得那个理所必然，势所必至，又大又美的人类乐土。

其他一切科学只不过是政治学的阶梯罢了，它们都是能够增进一个人的知识，无论是有关他自己的，有关他的各种能力的，和有关他对外界事物所处的真确地位的知识。倘使一个人的心有所遵循，那么一切的事，哪里会有做不成功的呢？还有什么具体的事物，能有更伟大力量的属性呢？可是还有什么东西是更为软弱可怜的呢？我们可以与天文学家在宇宙里飞腾，并且看看各个的太阳系及其所属的诸行星和卫星，沉重严肃地在无限无边的太空中转动；我们也可以同地质学家回到有史以前的时代里去——那时我们的地球在空间里占着一个不同的位置，居处着形状不同于现仍存在的各种生物，还不知有人存在，更不知他的种种罪恶和种种愚昧的行为；我们可以同历史学家一直前进，从过去人类有记载时开始直到现在为止，并且可以在自有人类以来就给人们带来灾祸——使世界成为一个大屠宰场沾满污秽龌龊——的种种信仰制度和政府形式之下考察人类；我们可以同化学家一样来分解具有物质现状的各种要素联系起来的链条，并且可以从这一堆残物里产生新创的东西并予以新生的性质和形状；我们可以同解剖学家和哲学家研究肉体和心灵的存在并考察精神与物质间的不可分割的联系以及外界情况对于它们的影响；我们可以看到人类的各色各样动作，并且能够发现此种动作的各色各样的动机；我们似乎可以重温过去时代——我们自己曾犯过罪，也曾对犯罪者作过审判，并且也曾作过判决。我们既然这样地，有了一切从过去的时代以来，就累积起来了的知识与经验来做向导，并且有了从一切过去的时代从来就累积起来了的错误和苦难来作警告——我们已经受了历史精神的感染，同时还很熟悉历史的事实——那么我们还有什么是没有准备而不能达到目的呢？

人类的一颗不倦的心永无止息地在寻找着至今尚未寻到的东西——幸福。虽然这一个一切人类努力的最为归根结底的目的迄今尚未达到，但是并不能因此就裹足不前，坐以待毙。人身的组织的完美是可与他所知道的任何动物相比的，但是他的智力却是远远超过我们所知道的其他任何动物。倘使人类所有的力量和属性，竟无法除去这许多时代以来人类世世相承的苦痛和不满，那么在和谐协调和日臻完善的造物间，就有了一个不应有的缺陷了。要说在快乐的宇宙间只有人类是命该悲伤和吃苦的，那是对上苍和至善的万物主宰犯了卑鄙毁谤的罪行！

倘使人是不能进步的动物好像在他四围的走兽飞禽一样，倘使他只有固定的和不变的本能而没有进步的和能够逐步提高的思考，那么人类社会的一切制度也就不必去改变了。人类的社会从开始到现在必将是一色一样的了；并且在人类存在的时候必将保持着一致不变的状态了。但是人类不能是这样不进不退的；他是一个会思考的，所以亦是一个会进步的动物。凡是一代的知识和经验都能传至下一代的；而且正像一个40岁了的人必定比他在20岁的时候有了较多的知识一样；所以整个的世界，自有人类之后又再过了4 000年的时候，其所累积起来的知识必较只过400年后所得的知识为多，知识只不过是累积的事实；智慧乃是一种技术将这种知识应用在一个真正的目的上去——促进人类的幸福。虽然人们可以有很多的知识而无一点智慧，但是缺乏知识者则必缺乏智慧。现在这一代是有了4 000年的累积经验和知识可以发掘；所以这一时代的人们，因此能够在社会和政治制度的建立方面，比起以前的任何一代，确是能够做得更高明些。

因为人的天性就是如此，并且他的能力也是如此，所以我们考虑一个社会变化正像一个政治运动一样，无须惊惶失措。倘使一个社会变化是巨大的，那么所要铲除的病症也一定是顽强的。在整个宇宙的任何一处，从最巨大的行星到单独的原子，都是永不止息地在变化着的——静止的东西是没有的——不进不退的东西也是没有的；所以要说种种政府制度都不需要改革——社会制度不需要改变——那是荒谬绝伦的说法，正像一个成年的人还说他须穿上他在襁褓时所穿得正好的裹身衣，并且在成年之后还爱玩玩

他在幼年时所爱玩的玩物一样。

社会的各种形态和政府的各种形式都是由于世事变迁所强加于人类身上的；并且某一种社会形态和某一种政府形式，只能在某一国家的历史中的某一时期内存在，而且能适合当时的需要，但是到了后一时期，那就不容再存在了。难道现在还有什么人情愿回到带着那种样儿的社会形态，和那种政府形式以及那种信仰制度，正像当时存在于大不列颠的特鲁依特人（Druids）或罗马人（Romans），或撒克逊人（Saxons），或诺曼人（Normans）的时候一样么？现在有什么新教徒（Protestants）还愿意使旧教（Catholicism）最光荣和有势力的日子及其对殉道者的鲜血用迫害的烙印去烤干的日子再复活么？一切这些变化就是一切事物所共有的进步的表现；而且它们都是来得很自然并且是不可避免的，亦非政府或个人所能控制的。旧教是承继异教（Paganism）而起的，新教则来自旧教之后的，并且现在还有对新旧二教另倡异议者的；并且由这些变化带给过去的人民的一切罪恶，正像刻已临到现在世界各国的苦难一样，完全都是因为执掌大权的人们滥用职权违反天命之过，而他们对于属民则不许逾越一步。并且一切的财宝都浪费尽了，并且一切人类的鲜血都流尽了，一切的迫害，和刑罚以及一切作乱罪行的发生亦无非是要人类及其制度不得前进——试问以上一切有否达成其所欲达的目的呢？让我们到历史里去找解答罢——从现在的日子起一直看到我们的一切祖先的日子止，试问在那许许多多旨在阻碍改革的强有力的企图之中，有那一个是成功了的。

自有世界以来，人类还未曾有过一个时期，好像现在一样，可以有了好好的准备来改变社会的组织；并且没有其他一个国家，好

像联合王国一样，有了这许多的便利来开始改革并胜利完成。形形色色的情况，对于其他各国的影响，并没有如此之大，但是对于我们却已将有所收获。我们比世界上其他任何一国的人挑着更大的重担——我们孜孜不倦的勤劳，仅使我们勉勉强强地挑起这个重担和维持生活。我们比任何别的国家有较多的固定资本，亦即过去累积的劳动，体现在公路、铁路、运河、工厂，和各种机器里边。我们的人口众多并且有优越的交通工具。论起一个国家的人民，那么我国人民的政治知识和初步团结并不下于任何其他国家。全体的生产者与大部分分配到财富的人们，现在是呻吟于多少世纪以来的政治腐败和管理不善所累积起来的弊害之中。他们已经用尽一切可以想得到的方法来争取救济和申雪，但是他们老是被出卖和失望并受到是非不明的欺骗。虽然如此，人们到底还是能从暴君看到暴政——从结果看到原因。这样看来我们现在所处的地位，对于社会的变化和人类向最高命运的推进，实在就可以当作一个预言。

人们受了极大的迫害之后，才能想到极大的改革。当他们是安于现状的时候，姑且不管好坏，总是不会去想一想将来会有什么变革的：他们总不愿稍稍放弃一点确定的好处来换大大的不确定的利益。在联合王国的人民正是比较的以他们的享乐资料为满足的时候，他们既不去想想社会的状态，也不去想想政府的形式或人民的权利。既然现在的社会制度产生了它的自然结果，既然工作愈来愈重而报酬愈来愈减，人们就开始要想到这一桩事了，并且还要设法补救。至于现在，因为生产阶级的情况已是坏到任何变化亦不能使之更坏的地步了，所以他们已经有了思想准备，几乎要采取任何能够予以补救的改革方案了。

我们最后已经到了极大变革的发生只能带给人民大众以最大利益和最小损害的那个正是其时的时候了。现在的人民是非常开明,能够平心静气地对纷乱的社会秩序进行改善;并且不会因为久已受苦和失望而疯狂盲动,以致加害于迫害他们的不幸祸首,并且进行不加分别的全体屠杀。在先前的时候,我们对于这样大的社会改革还觉尚未成熟;并且我们对于现在存在的祸害,若仍任其自流而不加矫正,那么,归根结底,将来总有一个不会这样平平安安秩序井然地在进行着的运动,而将是个可怕的骚动,并将格杀勿论,同归于尽,哪怕是好人也罢,坏人也罢——爱国者也罢,暴君也罢。

劳动现在要争取平等权利的广大原则——不但是在联合王国的劳动,而且是在法国和美国以及整个世界的劳动。这一原则将要为一切国家的人,一切颜色的人和一切信仰的人所采用。我们对于那个在一切时代里吞没了一切国家的人民的大敌人必须原形毕露和一丝不挂地予以查验;并且我们将会找到怎样克服和铲除这个敌人的势力的方法,亦即唯一的方法。所以让劳动大胆无忧地来作战罢。

第一章
人类所受的迫害及其根源

"我们有众多的人民,但是我们缺乏力量!我们有良田美土,但是我们饥寒交迫!我们是活泼勤劳,但是我们一贫如洗!我们付出极大的贡赋,但是我们要受警告以为献纳不够!我们对外是和平,但是在本国里面我们的身体与财产都不安全!那么,到底什么是吞没我们的暗敌呢?"——帝国的灭亡。

在一切所谓文明国家里,那班疲劳不堪而且是受压迫的人民们,世世代代总是这样的发问。对于这个问题的解答,已经是多得数也数不清了;但是我们——不妨算是提问的一班人民——仍旧是工作过度,而且是一贫如洗,仍旧是挑着重税的担子,仍旧是一个暗敌的奴隶和鱼肉;对于这种情形的改革方案,似乎还没有发现,或者即使是已经发现,我们仍是受了什么阻碍而不能利用它。在我们未能确定是否已经有了这样的一个方案时,当然我们不但应该先认清一切对我们的迫害,同时还须知道它们的性质和根源。除非我们是这样的从罪恶的根本原因着手,恐怕我们所能做得到的,只不过是除一弊而又招一弊耳。

人类的全部历史，自有人类起以至于今，乃是一个罪恶、流血和受苦的长长记录。人们一直是受人类同伴的迫害，并且一直是在寻找救治方案；但是不管他们一直是在那里活着，不管他们一直信奉什么教，不管他们一直成立了什么样的政府，他们的寻找，一直只能是得到同样的结果——所用的手段一直是不能达到其所欲达到的目的。全部的历史只不过是人类一切希望和幸福的丧钟罢了。

在各个时代里成立的种种政治和宗教制度之中，我们并没有发觉任何一种政府形式或信仰制度，不是屡次更改和屡次修正的，革命和革命的事故是常有的。但是这些变更和改革，从未触及社会制度的本身；它们只不过将制度本身所造成的次要弊害稍稍减轻或者予以修正罢了。这种制度所造成的各色各样的情况，能够使人听其摆布；在某一个时候他是一个无知的和不受管束的野蛮人，在另一个时候他是一个文明而且极其儒雅的野蛮人的共和国里的一个公民，再又在一个时候他是一个暴君的奴隶，时时在恐惧中过日。他曾是没有宗教，他亦曾有过宗教，他还有过轮换着的各种宗教——虽然经过这些变迁，但他仍是一个同样不安与不满足的人——他已经做过各色各样的人，但不是**这一种人**，亦即**上苍**所授予他的才干要他去做的人。世界各国的大众人民，一向都是同样地贫穷、悲惨和受迫害，无论是在共和政体之下也罢，在君主政体之下也罢，不管是在少数人所形成的政府之下也罢，在多数人所形成的政府之下也罢，都是会使人怀疑到吞没他们的暗敌，并不单是政府的形式；所以单是政体的改变，并不能毁灭这个敌人。

有人以为我们并无任何弊害可除了。换言之，就是生产阶级的人们所受到的苦痛，都是人类生存的必然后果，并且是无法救治的了。但是专靠两手谋生的人，哪里会感觉到他所忍受的迫害与损害都是不应该的并且都是可避免的呢？这些迫害和损害难道不是好像用铁笔铭刻在人的心上了么？难道每一个国家的劳动阶级不是像牛马一样，非但是没有心脏，并且是没有灵魂，只是听天由命一直工作到死为止么？难道由于没有脑筋的骄傲而想起来的一切对人污蔑和厌恶的话语，不是堆积如山似的了么？难道劳动的外衣不是愚昧、耻辱，或没有政治权利的象征么？倘使要收税了，一定是工人们来缴纳的；倘使要开战了，一定是工人们去打仗的；倘使所颁布的法律是不公正的，他们也必须唯命是听；倘使他们对暴政略有怨言并且是敢抵抗，他们就会像猪狗一样遭到屠杀！他们的骨髓和他们的孩子的生命的血都是为过分的劳役所耗尽了！

我们怎样会到此田地呢——那些无愧为这一伟大国家的生命和灵魂的人们，反是这样的被人践踏、蔑视和污辱？他们都有会思考的头脑和会动感情的心以及能工作的手。他们联合起来就是一个力量伟大的团体。只要他们有了决心，任何事情都能做成，不管是好的事情也罢，坏的事情也罢。他们既有如此伟大的力量，何以他们是如此软弱呢？理由就是如此——他们的软弱，就是因为他们没有团结起来；他们之所以没有团结，就是因为他们对于谁是吞没他们的敌人问题，意见尚未一致；他们是不知怎样去消除一切对他们的迫害，因为他们自己还没有找到一个改革方法。他们并不是没有去找救治，可惜都是在不可能找到的地方寻找。他们曾经在那些存心不正专以压迫他们、分散他们，和引导他们走入歧途为能事的阶级那里寻求协议和帮助。他们一直是不假思索地随声附和这一位或那一位不事生产的人的意见，或者这一位或那一位国会议员的反对意见，或者又是一种不同意见在这一家报纸或那一家报纸上所发表的；并且这样就使他们误入歧途，专在与他们所受迫害的原因脱节的而且是毫无力量与价值的方法上寄以改善的希望。他们不应再是这样地像小孩一样，听人随便指挥；而是应该立即向前出发，要用冷静的头脑和坚决的意志来获取仅能由他们自己的努力奋夺而来的救星——无论是政治方面的或者是在社会方面的都是如此。

那么到底什么是吞没我们的暗敌呢？它就站在我们面前，像一株大树，树根又深又广地满布于劳动的泥土里边，吸取了一切生命和健康的雨露，而且使它的父母和生产者乏力和贫困。我们要除去这一个仇敌。我们将有什么可以推荐和采用的手段来达到这个目的呢？我们现在是否要一劳永逸地彻底铲除它的毁灭性的作用，将它撕得粉碎呢？不，有的人说，“斩掉这一条树根罢”。又有些人说，“斩掉那一条树根罢”。有些人叫我们去掉高高在上的那一树枝，但是另有些人又指着下面的另一树枝。生产阶级的人们因此就在日常见闻的这些自相冲突的意见中搞糊涂了，而且虽是常常寻找，却是永寻不到。由于这一种墨守成规的教育制度迫使我们采取的褊狭见解和致命成见，几乎已经使得我们不能看清，也不能知道，劳动的仇敌的整体，虽然在我们之中每一个人都能感觉到或看到某一部分的凋零作用或残缺现象；因为我们的仇敌，好像印度人的三面神一样，[①]不管我们从哪一面去看，都能见到一张不

① 印度婆罗门教信徒们相信吠陀经典（Veda）所述的一种哲学。广言之，它与汎神论（Pantheism）颇相似，就是世界的唯一真神，并不在世界之外的而在世界一切事物之内的。它是一切事物的精神基础，决定一切事物的存亡兴衰。

同的面孔。达到真理的唯一道路就是要立即奔向那些第一性的原则。我们的讨论不可受到那种限制,以为各色各样的利害,都是由于政府有了各种特殊形式的结果,并且我们也不可以为君主政体和贵族政体就是我的唯一大敌人和一切弊害的创造者。让我们的眼光再放大一些,并且一直就看到政府本身所以产生的根源在哪里,这样我们很快就将发现,一切只不过是一棵人类罪恶的大树的枝节罢了——它们只不过是这个大敌的爪牙,借以掠夺劳动的成果。虽然我们称之为君主政体或共和政体,但是每一种政体的属性是相同的,每一种政体的目的也是相同的,每一种政体所加于劳动阶级的迫害也是相同的。追根求源,我们就将发现任何政府形式,任何社会的和政治的迫害都产生于当时占统治地位的社会制度——产生于现仍存在的私有制度。所以立即永远消灭现有的不公平和罪恶,必须彻底摧毁现时的社会制度,而代之以更符合于公平和人类理性原则的制度。

“权利平等和法律平等”早已就是大不列颠工人阶级的斗争呼声了;并且他们都曾希望和期待专凭政府的变革而达到这个目的。权利平等和法律平等是什么意思呢?这几个字的本身就很清楚的表达它们自己的意义了;可是我们几乎从未见到一个句子,曾经是从这许多不同的角度来解析,并且使之有了这许多不同的意义。有些人以为平等权利的意义,只不过是应该实行普选,投票选举,议会自由入席。另有些人,确是较近真理,以为必须完全推翻君主政体而且成立共和政体。有些被公认为主持公理的人,以为合众国的政治制度乃是我们的完美模范;他们还告诉我们,只是在这种政府形式之下,我们才能够享受到真正的自由与平等的权利。但是这个问题，一经研究，就会使我们相信联合王国的劳动阶级，仍将留存于像现在一样贫穷，愚昧，和困苦的情形中，即使他们是得到上面所述的任何一部或全部的政治变革。一点也不会错，一切的历史，根据十分可靠的经验的考验，就可证明这一事实。让我们考查前代的记录——让我们看一看古代和近代的共和国，包括一切国家和一切时代——试问在各种政府形式和各种信仰制度的任何一种之下，我们是否曾享有过平等权利和平等法律呢？我们永未有过，因为在所有不平等和阶级分成等次——这种社会情形老是存在的——的情况之下，就没有什么平等之可言了。平等与不平等按照二者的不同性质，是无法调和的。

虽然依照一切善良的人所希望成立和享受的那种平等的原则去做，政治权力就是由人民掌握，亦不能因此使权利平等；因为平等权利的享有，必须有普选做伴，而普选则既不一定有平等的权利做伴，亦不一定能产生平等的权利。平等的政治权利与平等的权利并不是意义相同的。二者之间所有的差别，正像某一样东西与代表某一样东西的那个字一样。

要研究政府制度，我们必须从制度所产生的效果来判断制度的效用，正像我们是从制度所由以成立的原则来判断制度的性质是否公正一样。倘使根据人类认为是平等的原则而成立的制度，产生了不良的后果且予社会以弊害与苦难，那么我们就可以肯定这一平等原则是不好的，不然我们也应拆散这种狼狈关系。合众国的政治制度是根据权利平等的大原则而来的，而这一原则，按着事理来说，一定是很好的。但是这一原则，却未必是仅仅因为人们都认为是公正的缘故，就发生实际效果。我们以为合众国人民所享有的平等权利，只不过是在想象中有之而已。在他们之中，也和在我们之中一样，权利是不平等的，因为他们都是像我们自己一样，也分成为富人和穷人，分成为资本家与生产者，并且也是像我们一样，生产者都供资本家逞凶肆虐。人类所不可缺少的阶级——劳动阶级——的情况是到处皆同的；因为在一切国家之中，社会是建立在同一原则之上的；并且仅仅是从有了现在的制度——即是从社会分成雇主者与被雇者，亦就是不劳动者与劳动者——以后，才产生了一切对劳动的迫害。美国的工人正像英国的工人一样，成了整个社会建筑所赖以成立的基础：他们都是同为贵族和商人——掠夺者和利润追求者——的重重叠叠的重担所压，致使陷入泥土之中；并且因为政府的变革并不能阻止社会阶级的分化，也不能改变阶级间相互的关系，所以这一类的变革，一定不能改正那些自自然然地由于阶级的划分和关系所产生出来的祸灾和迫害。不管他的称号是保皇党人或共和党人——这一位的喉管正像另一位的喉管一样宽和一样长——都是贪得无厌的捞钱者。

合众国的公民，的确是由于他们的共和政体，已经豁免了联合王国的君主政体仍旧压在人民身上的种种难以忍受的重担和限制；但是这一点小恩小惠，倘使与世界各国劳动阶级在这许多时代里一直就驮着的那个重大的社会负担相比，真是太渺小了——虽然这些好处渺小得很，但却不是美国人民所能常常享有的。况且他们现在所以能够免除一些担负，也不是由于他们的政府形式之故，而是由于他们在空间和时间上处于特殊情况之下的缘故。君主政体的幼芽是在美国社会组织里存在着的——它的黑色的和带血的茎现已从社会泥土里长出来了——而且我们可以从通常的世事转变里，很有把握地就能预料到合众国的将来，除非能够及时改变社会组织来扭转趋势，就将走上君主政体或寡头政体的道路。一切共和政体的最后命运，不管是古是今，都是这个样子；并且他们的命运也一定是如此，如果他们之间，老是一个是贫一个是富，或者老是一个工作而另一个却不工作。

世界各处的暴政都是一样的；并且都是来自同一根源——社会分成几个阶级。这个滔天大祸挫折了无论是文明人或野蛮人的幸福，因为在一切国家里边，都是有所谓上等人和下等人之分——前者是发号施令的，后者是服从命令的。在一个时候，这一权利不平等的原则，凭着“神权”的名义，恬不知耻地以暴政的形态表现出来，并且公开地取走了被统治者的生命和财产；在另一个时候，它是偷偷地躲着，正像现在是在美国、英国和法国一样，它能使一两个社会阶级，不知不觉地，永不停止地，并且毫不留情地，吸取了劳动阶级辛苦艰难所创造的财富，使之成为己有。

这是一大迫害，需要一个救治方案；并且我们就将看到的普选，甚至君主政体的推翻以及共和政体的成立等，都不是有效的救治方案。凡是事实上的顽固性，要想用理论去克服，恐将是劳而无功的；并且西方的伟大的共和国所依为立国基础的自由原则的公正和优越，固然是极为人所羡慕的，可是日常所遇到的实际经验，却是无可置辩地证实了这些原则，完全是不为美国人所留意的。美国的有钱的共和主义者就是现在美国的最大恶霸。他们对于自由和平等权利等名词，尚不知其意义何在；因为，美国现在的社会组织可使一个白种人任意处置另一个人的这一种的霸道，现在姑且不去说它，这些共和主义者现在是毫无掩饰地厚着脸皮，操纵着二百多万的有色同胞，把他们当作牛马，任意买卖，鞭打和屠杀——他们对于他们的独立宣言及其所说“人类生来就在一切的权利上，是平等和自由的，并且应该常常如此继续下去”的话，完全置之不顾——他们甚至连是否能与他们的宪法的精神符合的一点表面形式，也都置之度外。这种昭昭在目的原则与实践的矛盾，无疑地是财富分配不均的结果；并且在任何国家里边，不管政府的形式怎样，只要是财富分配不均和社会分成雇用者与被雇用者，那么这种霸道与奴隶问题，在白种人与黑种人之间，总是存在着的，虽然有的是公开存在的，有的是掩饰着的。

倘使美国人的自由制度是能见诸实践，那么不管是黑种人的或白种人的奴隶问题，根本就不能在美国存在了。但是这些制度所依以建立的平等精神，还有什么美国人尚记在心里而未曾忘掉呢——而且为什么是这样的呢？推其原因，就是因为两个阶级的存在——一个阶级是要劳动的，一个阶级是管制劳动的——前者是穷苦的，后者是富有的。凡是在那里所见得到的猖狂的破坏原则和昭昭在目的不讲公理，都是由两个阶级的相对地位所产生出来的；并且这种地位不同的现象的最初产生及其能够继续维持下去的原因，就是由于现在的社会设施，而此种社会设施不管人的身力和心力怎样不同，终必产生不平等的情形，将社会分成劳动者与劳动的主管者，且使后者统治前者。同样的不公平的制度，不但盛行于英国，就是在法国以及欧洲的那些共和国里，甚至遍及整个世界，也就是这样的。霸道与人类受奴役的情形，就是在美国的自由制度之下，还是这样明显的存在着，恐怕将来要更为深刻地迫令我们接受这一无可置辩的而且是势不可遏的事实——无论是这些自由制度或其他任何政治制度,虽其目的均为予人类以平等权利,但在我们现在的社会设施之下,都是不能付诸实践的,亦是不能使其利益为大众所普遍享有的。倘使只从本质上而不从名义上论事,奴隶的生活乃是劳动阶级所注定了的命运,不管是在过去,现在,和将来,一定都是如此;不管是在哪一国里,只要财产的分配,由于阶级的差别而不均等,也一定是如此。

让联合王国的人民清醒一下,不要枉费力气,只在他们一直是被迷住了的昙花泡影之后追逐;因为他们为着他们所要求的所谓政治权利而正在斗争的一切,即使是完全都得到了,亦不过是一个黑影——他们所能得到的,只不过是上苍所早已就命定了的权利平等的伟大定律的一套官样文章,而不能享有这一定律的精神。他们已有失败了的前车可鉴,一个有史以来最开明和强大的共和国——它的政府形式是一切政治家们所愿意有的,亦是不列颠的受压迫人民所视为好得超过他们所希望的——哪里晓得那样的堂堂大国,竟会如此无情凶狠,并置人权于不顾,甚至还要沉沦到英国本身之下,既无国君又无祭司,这样已经有几世纪了!

既然我们有了这些论据足以证明,无论在过去或现在的时候,没有一种政府的形式能够保证一国的人民可以享有一切的平等权利——就是没有一种政府的形式,不管是共和的或君主的,能够保护生产阶级不受毫无用处的阶级的苛索和虐待的,或者保证生产阶级能够享有他们自己的勤劳成果的——那么我们必须采取什么计划来推翻和毁灭那个吞没我们的暗敌呢?

人类本应是生活在只有一种情况的社会里边的,亦即是与人共有共享的，这是上苍的旨意，用不着什么辩论来证明的。倘使社会在现状之下给我们带来的弊害与利益是相等的，我们也不能因此就作了推论，以为共有共享的原则，必须是有弊害与苦痛做伴的。要是说得更合理些，倘使手段变了，则其所达到的目的亦不同了，盖不同的手段当然要完全适应不同的目的，那么我们就可作出结论，说明我们并没有循着共有共享的道路进行，因为人是较易跟从错了的，上苍是不易领导错了的。

权利平等是社会的真正灵魂；但是权利平等必须与义务平等并存。这就是平等的总体和实质。不错，倘使我们安置三个人在一个荒岛上面，并且每人为得公共的利益，各出了相等的劳动，同时也各得一等份的报酬，这样的共有共享是平等的，是有利于三人的。但是其中若有一人，或者是用强力，或者是用欺骗的方法，仍以一份的工作取得二份的产物，这一结合就不复是三人同享平等的利益的了。再使哪一个人强迫同伴们给他二份的产物而却不拿出任何一点的劳动，那么就连平等与公正的影踪都立时消灭了；而且法律与规章也不能恢复权利的均衡了，除非它们能强迫命令那一个不劳而获的人，也要拿出劳动来换取他的股份，因为不平等的错误的症结所在，就是各人所尽的义务与所得的报酬的不平衡。没有一个主张权利平等的人是不主张义务平等的。倘使义务是不平等，或者同样的义务有了不同的报酬，那么这一公正原则就立时受到侵犯了，同时权利平等的原则也是被毁灭了。

在一切所谓文明国家里，社会就这样地分成懒惰者与生产者，分成为什么事不做而得到双份的人和那些工作加倍而只获得一半份额的人。只要是这种地位不同和不平等情形准其存在的时候，

当然权利、法律和享受的不平等也将存在。我们姑且不管我们的社会何以会有了现在这样的状态。我们只管它在被发觉时就已如此，并且是可以改造和修正的就好了。为何有些人只做一份工作而应得二份报酬，甚至于不做什么而得四份报酬呢？一切国家的劳动阶级的过分辛劳，穷困，和苦痛，都是从这种最不公正和最狠毒的对于工作和报酬的分配方法而来的；而且我们一天不改变这种不公平由以产生和维持的社会设施，我们就一天不能得到拯救。无须任何论证的一般常识不是就告诉我们了么，倘使10个人要维持20个人，就比10个人只是维持他们自己要做费力更多或时间更长的工作？在看管者与被看管者之间，还能有什么权利平等之可言呢？现在无论所做的或所得的，都是不平等的，因为一方只是都给出去，一方只是都拿进来，一切不平等的实质和精神也在于此。

这并不像政治经济学家们所说一样，以为只是因为社会现在是分成生产者与不生产者的缘故，所以这样的阶级划分是自然的或必然不可避免的。只要稍一考查怎样使有些人富有和某些人贫穷的种种原因，而且是怎样的使这种不平等的情形在产生以后仍复继续维持下去，我们就会看清这一种的不平等，并不是因为个人的智力和体力的不平等，而相反的，是因为否定了这种能力的不平等，同时可见这种的不平等与人的能力是不相干的——这种的不平等所以发生的原因，不是个人所能掌握或控制的，不管他的脑力和体力是优越的或低劣的。

倘使我们以为这种制度是优越的并合宜的，而且还要反抗一切的改善和变革，那样就是正符合了现在社会制度所扶植的愚昧无知和妄信一切。但是在那一块现在的厚厚蒙面纱布拿开以后,那些能够看到将来光明和繁荣远景的人们,无论他们是在哪里,绝不会将现仍存在于世的蛮横邪恶,视为是这一位圣洁和完善的上苍所要它永远存在的。

倘使面对现在制度的种种罪恶和过失的黑目录而仍要为现在的制度辩护的人们——倘使那些富有的并自命为世界上有地位和有势力的人们——都想不出别的制度,并且也不知道人的本性不是只供人奴役与侮辱的话,那么他们只知道他的才力的一半,而且是最坏的一半。对于这些人们,可怕的将是即将来到的暴风雨的爆发,它要使最强者低头,最高者在它前面倒下!

第二章
关于社会和政府的基本原则

我们要获得一切知识，目的在于要知道一切事物的基本原则，而且这些原则的适当应用，乃是一切智慧的目的。在一切原则中，其最重要者，莫过于那些要影响社会和约束社会的原则了；可惜我们对于原则在探讨上或了解上的疏忽，亦莫过于此了。现在社会的制度及其与此不能分开的褊狭教育，促使世人怀抱种种谬见——无论是关于他自己的，关于他的地位的和关于他与一切事物的关系的——使他既不能认识了自己的真面目，又不去想想还有什么崇高的命运在他所居留的地球上等待着他。

好像其他一切物体一样，人是受他所必须服从的某些原则或势力所管辖的；而且无论个人是生存在哪一种情况之下，这种势力就会从哪种情况里产生出来的。各色各样包围着我们的制度，就标志着人的思想、感情和行动动向的轨道；并且它是一世纪又一世纪地一再重复着罪恶和愚昧的覆辙。社会的体系，好像太阳系一样，本来自身并没有多少扰乱的因素；而且这些同样制度的情况，不管是好是坏，都具有一种性质，就是对于要受其影响的人们，在行动和见解上，将予以一种一般的一致性。制度要影响人，而且人也更要影响制度。所以今天的贵族所想所做，几乎全像过去的贵族们所想所做一样；并且现在的工人阶级，仍旧还俯伏在他们的压迫者面前，吻着鞭打他们的手，正像工人阶级三千年来所做的一色一样。

整个世界的本身，所以已经选择了现在的社会制度以及与之并存的思想和行动方式，并不是因为这种制度是好的；同时也不是因为另一种制度是不好的，所以是被抛弃了的。人们对于好的或坏的一向都是盲目接受的，哪里能分得清呢，凡是既来之的，就是都取之的。今天的我们，也是一色一样，对于一切原则和制度，只知唯命是听，推其原因，就是因为我们的祖先对于它们也曾唯命是听的。虽然现在有了一个运动正在稳步迈进，但是大体上社会还没有一种内在的固有力量，立即就能改变一切行动和见解的方向，正像太阳系的行星一样，没有一种力量来改变它们的轨道。凡是人们的言论和追求有了一个新的方向的时候，这一动向的促成，一定是由于许多扰动因素的累积，或者是由于一个已经是与日常情况断绝关系了的荒冢鬼怪的不受欢迎的巨掌的力量——他的行程专是循着一种特殊位置和情况的，所以是截然横跨一切并且与它属其中一部的全部是相冲突的。到了世事的潮流开始泛滥起来的时候，它就不管是好是坏，只好流到哪里就算到哪里了；并且这一行程总是照样不变，一直等到有了新势力和新扰动时才能改变方向。

在一切国家里边和一切的政府形式之下，总是有一些人的思想是走在大众之前的，而且明明是与之对立的。他们是思想行进的先锋队员——是对成见作战的最前线战士，亦是首先的牺牲

者——而且他们虽然修好了一支通到知识，自由，和幸福的康庄大道，但是他们之所以能够完成这一工作，完全是靠他们自己的骸骨来铺好这条道路的。这些向着愚昧和专制的黑暗帝国进行的侵略者的事业，就使他们成为暴君和一切其他要维护盗窃来的势力和榨取来的横财的人们所特别害怕的对象；因此他们常常受到令人毛骨悚然的狠毒迫害，到了除人以外就没有其他任何动物能够想得出来和做得出来的程度。

当我们考虑到各种阻碍人类上进的情况时，我们就不会感到惊奇，何以人被人束缚而尚未得到解放。在专制政治之下，大多数的政府差不多都是专制的——真理和自由的知识进步得很慢；因为绞架与土牢，在统治者的眼里，好像是家常便饭，尤其是在一条命的牺牲并不为一般习俗所重视的地方。倘使那区区的几个统治者要想对他们自己所犯的血案加以一番洗刷的话，他们就制造墨黑的和可恨的谎话，蓄意迷惑大众，并且激动他们的情感和成见；同时那些不幸的和受奴役的人民，只能两眼对着苦痛，满口都是毁谤那一位已使他们得到光明与幸福的战士所指出的原则。他们还要受到教训，要将这位最前线的战士视同人类最凶恶的敌人一样；并且由于误信他是这样的人，他们还因他的失败而自鸣得意和因他的毁灭而狂欢极乐。这班统治者阶级的人还要高声大喊，“将他钉在十字架上！”而且这班已经受到迷惑了的被统治阶级的人们也都高声附和，“将他钉在十字架上！”即使这位无所畏惧的真理战士偶免于难，也是无济于事。一切都是与他敌对的。大部分受压迫的人们，也就是最需要拯救的人们，大概都是文盲；而且用言语传播政治知识，就是在自命为享有思想自由和言论自由的国家里边，也是一种又慢又不安全的方法，正像用书本来传播一样。凡是身体已经受奴役了的，精神更是如此；因为宣教师所下的诅咒令，也是唯暴君之命是听的。一般无知无识的人，对于教士所执掌的来世命运，比暴君的现世暴虐，觉得更为可怕（因受教士“诅咒”以后，灵魂就不能上天堂了）。无论受压迫者或压迫者的心，从襁褓起一直到了成人的时候，都是扭曲入迷并且是受拘束了的；并且就是这样一代又一代的陷入黑暗与奴役；并且那些简单真理，倘使在某一种情形之下，老早可以在一代的过程中就普遍知道和付诸实践了，可是在另一种情形之下，就是到了几个世纪以后，恐怕还是默默无闻而且并未为人所注意。

现在就是人类已经注意到基本原则的时候了——现在他已冲破这些罗网，原来都是由他自己的愚昧所织成的，并且是用他自己的手将他束缚起来的，可是那些罗网，已经有了许多年代，将他的身体和灵魂紧紧地束缚起来，差不多是像最坚固的铁链一样，并且以为这就是上苍要加于他的不可更改的旨意。无论往事和时事对我们所给的指示，已是绰绰有余地说明，在我们的社会设施里边，确有一种其所固有的弊病，必将产生苦痛与罪恶，而且要打击才德，赞美卑鄙下流。我们对于公正二字，只是徒知其名罢了。我们整个社会结构，正像一个有关各方利益的极大的空中楼阁可是里边并没有真的慈善、道德和友爱。每一个人的手或多或少地总是指向别人的，每一阶级的利益总是与别的阶级对立的，并且一切其他阶级的利益都是与工人阶级的利益反抗和敌对的。这种不自然的现象所以能够产生出来和维持下去，都是由于我们对于基本原则缺乏知识和不去注意之故；并且这些原则，在这部大自然的巨著

里边，是可以解析如下的：

1. 一切的人是一样的，无论是在本质方面，来源方面，和生存方面；所以一切人的本性是相同的，而且一切人的绝对需要也是相同的。

2. 保存生命所必需的物质资料——食，衣，住——在我们的周围是到处皆有的，但是它们在自然状态之下，对人是没有价值的，并且必须通过劳动的媒介，才能为人所用；所以每一个人都应劳动，因为人类的生命全靠衣、食、住三者有了适当的供应，而且这些东西一定是要用劳动去取得的。

3. 因为一切人的本性和需要是相同的，所以他们的权利必须是平等的；并且因为人类的生存，以后将根据同样的情况了，所以人类努力工作的大广场和一切财富的原料——土地——也必须是一切居民的公有财产了。

这些简单原则，就在它们自身里边，包含着人们久已企图成立的基本的权利平等的精华了。倘使人类想避免他们现在所受灾害的任何一部或全部，那么一切社会和政府制度，就必须依照这些原则的指挥才可。这些原则就是永远建立人类幸福的基础；并且它们自自然然会提醒我们，要有一种行动方式，来对付社会制度，令其能使人类享受一切幸福，并且避免一切他生来就能感觉到的一切苦痛。这是很不合理的想法，倘使我们以为社会里边种种现在的不平等，只是因为它们现在就存在了，所以必须永远存在下去。这也是不能与经验符合的，倘使我们以为因为某一种行动方式在某种影响和情况之下是不变的，那么它在一切影响和情况之下也将是不变的。在赤道上面的人，正像在两极上面的人一样，都是同样的人，但是他们的食物和衣服，绝不能相互通用的。自私自利的原则，倘使在人人权利和义务都平等的社会的形态之下，就不能像在现在的权利与义务以及工作和报酬都不平等的社会制度之下一样，可以这样地竭尽其卑鄙恶毒之能事了。

我们并不是要说，一切的人在他们的脑力和体力上，都是平等到丝毫无差的程度了，也不是要说他们各人生活所需之品必须是一样多，因为绝对的平等并不存在在任何二人之间。但是现在人与人间力量的不平等之所以能够存在，大半都是因为个人所处的环境有好坏不同的缘故，亦即在社会地位方面与发展机会方面不同的缘故；并且在大多数的事件上，倘使情况与影响已经是相反了的话，那么不平等的情况亦将适得其反了。

这班自尊自大和吃鱼吃肉的贵族们，都有了一切的利益，使得他们能有机会可以发展他们的微弱头脑，因此或许有了一点知识和一些技能，却是一个劳动者的儿子所不能办得到的：但是他们非但忘记了他们所处地位的情况，对他们有了怎么大的帮助，忘记了工人的劳役与苦楚，就是他们的安闲和资财的来源，而且还带着冷笑和侮辱的态度对我们说，他们的才智和地位，是高于用两只正义的手去替他们获取面包的人们的。但是这种妄自尊大的想法就将到了它的末日了，并且就将为世人所忽视与否认了。这种不自然的分界线——原来就是在愚昧和欺诈的基础上建立起来，将人类分成阶级和等级，正像公共市场里的牲畜一样——将要被冲破而且是被践踏了。

因为造物早已就命定了，凡是生命的持续，将有赖于同样条件的履行，并且它也已授人以充分力量，使能维持他们的生存，所以严格地说，平等的意义，就不仅要使这些力量得到应有的发挥，而且一切的努力也是应该得到它的成果；而且我们并没有这样去做的错误，责任不在于天而在于人。上天永不会犯错，亦永不会做得不公正。虽然它使人成为环境的奴隶而且为其所遭遇的事情所支配，但是它也给他充分的能力，可以管制这一件事和指挥那一件事。因为要使这种做法更为有效，并且能够掌握有关他的生存的种种事物，他就学会了怎样建立社会，使他能够，倘使管理得好，利用正确的力量结合和方向，完成了人力孤立地努力所绝办不到的成就。社会的成立就是为得这个用意和这个目的；并且要达到我们所希冀的力量的第一步骤，就是要建立制度，将那些自然就有的小小的不平等都毁灭掉或中和起来，同时还要将有关人类将来福利的一切不确定性都消除干净，并且还要对人类保证一切能使生活愉快的东西，能够供应裕如，直到死亡的时候为止。这样成立的和管理的社会，将使四海一家，共同相处。因为社会的基本原则，对我们就指明了，一切的人是要互相倚赖的，所以这样就可以对他们证明，并没有什么人比他的同伴优越，就是最聪明和最有力的人，在他与社会脱离并且与他的同伴断绝交往和合作之后，就不过是像草芥一样了。

因此，我们由于研究了人的本性和社会的目的结果而推得的一条原则，虽然还没有付诸实践，也没有肯定了它的性质是否公正，但是归根结底，它总会将一根有了裂口的而且分得远远的链条的两端联合在一块，成了一个圆圈，并且在人类及其制度上，加添一层最后的粉饰，就是：——

4. 因为自存是一切劳动的目的，并且因为在一切人类之间一种极为自然的力量和需要的平等，是普遍存在的，所以一切的人若已实行了工作的平等，就应得到报酬的平等。

虽然这些原则可以是像良药一样苦口，然而它们不但是严格依据公正的原则，而且也只有这些原则才能消除一切因为脱离它们而在现在的社会组织里必然要产生的毛病和苦痛。

在那些专靠工人努力的成果而活着并且对工人没有拿出什么服务来报答的人们之中，还有一些人们，甚至大胆武断，以为平等情形是永不能存在的。他们都可以竭尽心力，想法证明社会是像人的身体一样——必须有头，有腹，和其他肢体——有的部分是专司管理的，有的部分只是服从的，有的是生产的，有的是消费的。但是这种比喻，对于借用它的一番苦心，必将毫无补益，因为一切人的本性是相同的——他们在力量，或数量，或质量上都是一样的——并且因为如此所以在他们之间并没有不同的属性。我们必须看一切的人都是一样的，并且一切的腹也是一样的，并且一切的肢体也是一样的。但是我们不能拿一只手臂同一腹一头去比，因为它们所司的职责是不相同的，并且不管我们将它们放在任何情况之下，这一个的功用不能替代那一个的功用。但是这一个人能做的，另一个人也能做——不管是像国王样去治理，或者是像国民样去服从，都不过是发挥本是相同的力量——所以并没有一个自然的，或公正的方法，将社会划分为腹部和肢体，或划分为只是消费的人或只是生产的人。一切的人只不过是一种物质和一种本性，他们都有种种同样的属性，并且因此他们在一切的权利上都是平等的。

我们在找到任何事物的基本原则时，我们几乎就像看到了我

们的旅程的终点一样，并且我们就可一直在一条笔直的大道上前进了。我们无须再彷徨于可疑的和难以捉摸的迷途里边，老是一方受到威胁，一方又在想法找出路，而却又穷途乏术。但是我们都知道我们正在何处和我们所应赶上去的前程。我们知道我们的生命是依靠粮食来的，而且我们的粮食是依靠劳动来的。量情度理，我们一眼就可看清这种互相联系是绝对必需的；所以无论何人若要避开劳动，那么凡是个人所以能够这样避免掉的劳动，只能在加重人民群众的劳动的条件下才能办到。倘若我们能用一分钟的工夫来看一看贫穷的苦力和富有的白相朋友，那就不言而喻地证明了后者之所以能够避免劳动，乃是因为在他们之间仍旧还存在的财富所有的不平等的缘故。同时这也是一样明显的事情，凡是财富所有的不均，不管是察其根源，或者是观其现状，都是因为某一些人和某些阶级，霸占了本应无分彼此地和均等地属于每一个既已生存于世的人的土地。这样我们就自自然然地不得不相信土地的私有，乃是财富不均的一个原因——财富不均必使劳动不均——并且财富和劳动的不均要构成全部的社会弊害。这种情况正像与此不可分开的政治权力被剥夺了的情况一样，确是必须改正的。倘使要去掉这种弊害，就必须这样的做，就是先将最初产生和以后继续维持这种弊害的不平等条件都要去掉。权利的平等，永不能与劳动的不平等和财富的不平等并存的。只是凭着人们一向就常常被不自然的法律，而这些法律是以人为的权利不平等为根据的，不平等的思想导源于财产的不平等，只凭这种简单的事实，就可使我们相信，凡是一种社会制度，如果允许这种现存的社会差别的话，那就无法使它改进；因为只要存在着富和贫，贵和贱，主和仆的时候，总是没有权利的平等，没有公平正直，没有消除了不知足与犯法。

从人的本性和地位以及有关他的生存的原则来看，我们就不能否认人类的自然权利是平等的。所以，这些权利是绝不能放弃或被剥夺的，因为它们是人类的属性，亦即人类生存的条件；并且对于每一个人来说，这些权利，只不过是受任何一个别的人的同样权利所限制。因此我们就可以说，每一个人有一种他爱什么就做什么的权利——只要是他所做的并不妨碍他的同人的同样权利。这一定义，虽然似乎是太广泛一些，实际上却是受到严格限制的，并且它既不准许滥用职权，也不准许暴虐专制。人类生活在上苍将它安置好了的地球上面，乃是人类的无可置辩的权利；并且这种生存权利，从它的性质来说，是必须同时使得每一个人，能够有权利取得各种的生活必需品，凡是由于他的劳动使他能从大地上面收获到的都可。这些权利的运用，在一个管理得很好的社会里边，既不会产生冲突，也不至于对谁有了损害；因为一个人将这些原则付诸实践时，并不一定会妨碍到别人的同样行动。人类的权利就必须要用这一个是否有碍他人的原则来测验一下；并且无论何时，任何一人，或一个集团的人，或政府，有了一种行动，或有了一种要求，倘使是妨碍了别人的平等权利的，那就是对于一切被妨碍的人犯了一种错误。

我们所处的时代，是前有古人后有来者。在先辈们离开我们之前，后辈们就已到了生存的边缘了；而且因为一切人的生命是有一定期限的，并且是有赖于同样的未来的情况的，所以一切的人对于生命和生活所需之物的绝对权利，亦必须是平等的。但是根据我们所处的特殊地位，受到一来一往自相混合的年代的摆布，我们就不能维持这种有关生活必需品的自然权利的平等了，除非是土地成为公共财产才可；但是土地不能是公共财产，同时在任何准许土地私有的制度之下，凡是土地所赐的东西，既不能普遍地，也不能平等地，供人使用。

仅仅只有劳动能产生价值，因为正像有人曾经说过一样，劳动就是购买的货币，多用在购买我们所吃，所喝，或所穿的各种物品上。每一个人，对于一切由于他的诚实的劳动所能带给他的东西，都有一种无可置疑的权利。当他这样地取得他的劳动成果时，他并没有对于任何其他的人做了什么不公正的事，因为他并没有妨碍别人所有的权利，可以同样处理他的劳动成果。但是任何一个人，倘使将别人已投下了一切劳动的耕地划为己有——倘使他要提出要求以为某一特殊部分的土地是他个人所有的话——那么他就明明白白地做了不公正的事了，而且是违反权利一概平等的原则了，因为他干涉到每一个人都可以有同样的权利，来占有那同样的特殊地段了。凡是先行占有土地的，并不能因此就有了土地的产权；至于享有土地的时间，无论是怎样长久，也不能因此成立一种权利，因为这种权利原来就不存在。我们可以就从这件事的性质来说，也可以从一个人所站着的位置与别人的关系来说，他个人以前绝没有，并且也绝不能拥有，一寸土地的唯我独有的权利。无论在任何地方，倘使这一种擅行规定的权利是成立了并且也付诸实践了，那么罪恶、专横、贫困和权利的不平等都必将存在，不管人民是在君主或共和政体的统治下都是如此；因为人类所犯和所受的一切罪恶与苦痛，都可以追踪到某一些人和阶级在土地上擅取

了一种权利而不许别的人或阶级染指的缘故。我们总要等到一切有关地产的私人权利毁灭之后，而且还要与整个国民的权利融合为一之后，才能享受到一切权利的平等。

在获得对土地的财产权后，过去的人还曾采取第二步骤，就是要获得对人的财产权；所以无论在什么地方，倘使一个人是有地的，另一个人是无地的，那么后一个人必定是前一个人的奴隶。从这一罪恶的繁殖来源——土地的独占——就产生了半开化的专制政体以及种种政府权力，因为一次侵犯了别人的一种权利，就会得寸进尺再侵犯到他的其他权利。但是从一般的事理来说，我们觉得没有任何一人，能够有一种叫别人服从他或将别的人当作自己财产的权利。所以无论在什么地方，倘使有了这种要求，那就必须予以申斥与抵抗，因为这是大自然的平等大宪章的明文和精神所不许可的。只有人类的创造者才是人的主人。一个人或一个阶级，倘使只是因为获得土地的产权之故，就擅权挟势来压迫别的人或别的阶级，那就是不公正的，正像财产分配不均是不公正的一样，因为独占权的要求，就是依此而成立的。

人，倘使是单独地说，是又弱又穷的，并且在孤立和单干时他将常常如此。但他一经投入社会之后，就像许多细弱的线条结合而成一根坚强的绳索一样，亦将由许多的个人集合而成一个国家。倘使一个人在孤独乏助的时候是又弱又贫的，那么他，作为个别的人来说，无论在任何一种的社会状态之下，也必定是仍旧又弱又贫的，因为社会并不改变他身体的组织或他的属性——他仍旧是像这根绳索里的一根线条一样。这样看来，无论何人，根据什么原则，可以要求他有超过别人的势力和权力呢？倘使软弱和渺小是某一个人所固有的属性,那么它们亦将是一切人的属性——所不同的,只有程度的区别,并无种类的区别。一样东西总是等于它的本身,而且全部总是大于其中一部。没有任何东西,无论在性质上或文字上,能够令人想象到一个同样的人,竟会比另一个同样的人较为优越,甚至千百万的生灵也不如他。所以一切这种妄自尊大——这种目空一切的大吹大打——只能令人笑掉大牙和鄙视。当然在任何一种社会形态之下,总是会有一种政府的形式和某一种法律;但是在任何一个人的身上,从来就没有过,而且也永不可能会有,一种管辖别人的权利,同时任何一个人也不可能大公无私地替别人订定法律而且还要他来服从。人类的权利是平等的;而且人类的权利,就是人类法律的基础,同时也就是一个人的权力不得超过别人的管制者。

正确地说,法律之所以存在,无非是要提高社会的福利;所以法律的编订一定要做到能够予整个国家以最大的安全,而且能够予个人的行动以最小的约束。既然法律的性质和用意是这样,所以一切只知约束个人的权利,而不知加强对于社会的保护的人,都是遗患非浅而且心术不正和具有偏见的分子。至于法律的制定,当然不许少数的人老是有权利将法律加之于大多数的人。所以无论在任何地方将法律硬加诸人,那就成了对于大多数的人犯了暴虐百姓的罪证。就是大多数的人们,也是不能老有权利将法律加诸少数的人,除非这种法律的目的是为得同样地保护一般的社会权利的;因为人们制定法律的主要目的,就是为得保护生命和财产——而且每一个尊重别人权利的人,应该将他自己的权利视为神圣不可侵犯的,所以一切的法律,或者是由多数人制定,或者是由少数人制定，只要目的在于这样的保护平等的权利，乃是一切的人都要遵守的。但是由于不知道权利的性质或其他原因，倘使多数的人们或少数的人们，自以为是的颁布了干涉到一切人的权利的法律，而没有予一切人以平等的保护，那么他们是明明地做了不公正的事了。现仍存在于英国与其他各国的法律，在罚款或监禁的刑罚之下，迫令一切的人要在指定的日子谨守宗教礼仪，那就可以说明这种法律的性质，是无理可说和专横无道的。这些法律在英国，原是由国内极少数人所颁布下来的；但是即使是由大多数人予以承认而通过的，这些法律在原则上仍是一样的不公正和专横无道的，而且是同样地为人所憎恶和反抗的，因为它们侵犯了国内一部分人在这一桩事上行使自由意志的权利，同时也没有加强对别的一部分人的保护。制定这些法律的人，不但是保护了他们自己要做一些事情的权利——别人当然不能与之争论——但是他们同时还要侵夺别人的平等权利，自己却不遵守这些法律。在大不列颠里边，现在就没有一种法律，是不受任意干涉公私权利的专横原则所沾染的，而且还是在保护这种权利的幌子下进行的。

人的一切权利，依照这些权利的真正性质来看，与人数的多少是各自独立的，而且是没有连带关系的，因为人数的多寡，既不能产生这些权利，也不能去掉这些权利。依照一切权利赖以节制的平等原则出发，结论就是任何一个由许多个人所集合起来的集团，就是对于仅仅一个人的权利，也是不能予以抹杀的。虽然任何一个国家，或任何一个集团都有无可置疑的权利，来制定任何他们所喜爱的有关他们自己的法律，可是这种法律按着公正的原则来说，仍是不能对任何未曾予以认可的人施行的，除非这个人是侵犯了权利平等的原则。

一切现在存在的政府形式，都是专横和不负责的，不过程度的深浅，多少有点不同。从各种政府形式所产生出来的弊害大概都是间接地通过法律的媒介，而影响到人民身上的；并且这种法律，常常必须沾染着一种不平等的精神，渗透了法律由以发生的政府。从统治者的眼光来看，强权与公理的意义是一样的。公理，智慧，和品德，似乎是社会里某些人，或某些阶级，所固有的，与别的人和别的阶级是风马牛不相及的。这一切的观念，或者是优劣之分，或者是主仆之别，都是由于忽视基本原则以及因此而起的财富分配的不平等的缘故；而且只要这种不平等还是存在不变的话，那么这种观念亦将永难去净，同时那些建立于其上的制度亦将难以消除。人类已经是一直盲目地希望改善现在一切事情的不自然情况，而且希望制定权利的平等及其法律，惜其所用的方法，只是去掉一个富有的暴君而代之以另一暴君——毁坏了存在的不平等而置此不平等的原因于不顾。我们就将看到一个永久的治本方法，并不在于任何性质的政局改变——就是腐败政治罢，这也不是个因，而只是个果——这也不是个创造者，而只是个被创造出来的结果——这是所有制不平等的子孙；其实财产所有的不平等，是与现在的社会制度分不开的。这样看来，现在的一切情况是不能改善的，除非我们立即改变我们的整个社会制度；因为任凭我们怎样改变我们的政府形式，总是不能改变制度也不能防止财产所有的不平等以及社会分成雇主与雇佣者。所以必然的后果，就是这种制度与这种社会划分所产生的罪恶，不能因为政府形式的改变而除去干净。

我们并没有，而且也永没有，将上苍为人类的指导和幸福而命

定的这些基本原则，付诸实践；同时我们也没有将明显的平等原则放在视线的范围里边，不管是在我们的权利与义务方面，或者是在我们的劳动与报酬方面。几乎每一样事情对我们都是不平等，不自然，和不公正的。为什么一切事情都是如此呢？怎样有些人做了双份的工作只得半份的报酬，而别的一些人只是袖手旁观，却得到双份或四份呢？在算学的原理上，并无一人能算五十个人或一百个人的道理——在生产原理上，也没有一个力量与其他任何一人相等的人，单靠他自己一人之力，能够做了一百个人的集体劳动的工作——并且也没有一种合理的或公平的原则，将会允许一个人攫取一百个人的劳动的成果。但是这种不公正的攫取，自从有人类起以至于今，竟能任其违反算学和公正的原则，一直毫丝不改地照样做下去，并存在下去。只要这种制度还没有被推翻和不变的真理原则还没有确立，这种制度的功用——一切权力、财富和光荣就会建立在合法的欺骗和掠夺的基础上，任何人也就谈不到和平，看不到公平，想不到幸福！

第 三 章
个人与国家繁荣所必需的条件

倘使我们暂不考虑一切由于风俗习惯和教育促使我们所形成的感想和成见，而对于整个的人类先作一番考察，我们就可以将他们比作一条遇险的船上的人们，置身于荒岛之上似的。岛上的空地当然是绰有余裕，任凭他们居住在哪里和迁移到哪里都可，并且一切生存所需的要素，也是绰绰有余的；但是假使没有劳动，那就什么也办不到了。就是从树上采取野果或从海边拾取蚧类，也是必须有劳动才可。倘使没有劳动，我们只好坐以待毙了。

的确如此，人在这种情形之下时，其最合理的行动方式，就是团结起来，大家同样地工作和同样地均分一切，并且互相帮助和保护；因为这样做，可使每一个人的劳动大大减轻，而且他的安全大大增进。凡是强有力者，就可以保护弱者，而且机警的人，就可以为强有力者筹谋划策。这样个个人都是有用处的。

但是我们一直到了现在，并没有做过这种事情。全体人类中的每一个人的座右铭，几乎都曾经是并且仍旧是——“各人自扫门前雪”。我们一直是在不同的途径上追求，并且一直是各奔各的单独进行，虽然我们一直都是寻求同样的目的——亦即个人力量所得不到的而且必须靠着他的同伴们的帮助才能达得到的目的。我们一直是软弱的，虽然我们可以是强有力的——我们一直是饥寒交迫的，虽然我们可以是丰衣足食的——我们一直是不共戴天的仇敌，虽然我们可以是相亲相爱的毕生知己。

我们一直是如此受苦和犯罪，一切都是因为我们对于一些基本原则的无知和不注意的缘故。在我们之间，因为一直就没有利害相共的关系，所以我们一直就没有同情和友爱的共同保结，将我们的心都联结起来。我们对于目的和手段，一直都是听天由命——一任无政府的情况所支配——因此我们一直只有接受那种与我们的才能，努力，和应得的报酬完全都不相称的劳动，报酬，和刑罚。我们一直只见蠔壳，别人一直只知蠔肉；我们一直是在饥饿着，别人一直是吃得过饱。

这种听天由命的生活方法，对于牲畜的本性来说，或者是很相宜的，但是对于有理智的人类，那就一定是不可照样硬搬了。虽然我们总以为人是万物之灵——而且这样说的理由，就是因为人有理智——可是一直到了现在，我们在社会制度方面，尚未将这一特殊的品性稍加发挥，也可以说是一点也没有去发挥。人有天赋的理智和本能——二者都能成为他的一种手段，用来达到某一个目的——而且二者之中，凡是其中一个所不能做到的，其他一个一定是能做到的。凡是一任本能指挥的人，他与野兽并无区别——在他还不能运用理智而且服从理智的指挥时，实在他还不能算是一个人。

现在的社会制度，是根据人的天赋的本能来的，并不是根据人的天赋的理智来的。这种制度只能使我们的野蛮的感觉和癖性，得到了发展和加强。它在种种社会制度形成的过程中,要使我们的自爱心,受到本能的指挥,而不受理智的指挥;并且因为人的本性,是不像别的动物那样完善,所以在这种本性上建立起来的社会的形态,一定是不如大自然所教导出来的蜜蜂和海獭所建立的社会那样完善。人一直是停留在不自然的地位上的;所以必然地他是会常常不快乐与不满足的——常常要想改变的。这种不安——这种我们不知其到底为点什么的永不止息的企求——并不是人所固有的一种内在原则或天赋性能而必须在一切情况和影响之下起作用的;因为这种普遍的不满的情况,倘使是好好的考虑一下,并且予以分析,我们就能发现这种不安的情况,并不是由于人的天赋本性,也不是由于人世间的一切事物,不能使他快乐,而是由于他与其他的人相处的不自然的地位,以及他的较高才能,没有予以利用,甚至是都被滥用的缘故。

一切有生之物,是不会不快乐的,倘使他们总是存留在大自然所命定的位置上的。但若令其转变位置,不快乐的现象就会同样地表现出来了。上苍原来就要一切生物都是快乐的,所以将他们都放在一定的位置上面,同时还赐给他们各种品性和才能,使他们能够世世相嗣并且能够获得享乐。经验教训我们,倘使我们将任何动物,从它的一定地位,转移到一个与它的本性不相适合的地方去,它也会立时显露出人类久已特具的种种不安与不满状态。人现在是生存于一种不自然的状态之下——他是个感性的并不是个理性的人——所以他是不安和不满的;而且在他的地位尚未改变的时候,他是仍须如此的。那么,我们要不要凭着我们所有的伟大力量,为我们创造适合于我们天性的条件,而且因此成为心满意足和快乐的人呢？不然，难道我们对于一切偏差和霸道，还将固执不通地仍旧归咎于那位生命的伟大的赐予者——那位无所不能的大主宰——么？让我们不要再痛哭流泪和大声疾呼，以为在这个合适的和完善的宇宙里边，只有我们是失迷了和无所依归了的可怜虫啊。让我们再来一次，运用我们所常自夸而亦常疏忽了的理智，并且要站稳我们的立足点——就是创造条件——来达到我们的目的，亦即我们所以生存的目的。

一切国家的广大人民的穷困与苦痛，已经是世世代代昭然若揭的了。在人心尚未豁然领会到这种穷困和苦痛的原因时，那是很易使受压迫的人，相信他们在社会里边，被别人当作奴隶和低劣分子来看待的情形，乃是他们生存于世的必然后果，并且是不可避免和不可救治的。但是随着时代的前进，人的知识也普及起来了。一班劳动人民的孩子们，对于有关他们的低劣品质的说法，不但是开始不相信了，而且还要抛弃已经这样长久地使他们过着奴隶生活的无情敌人的羁绊了。与此敌对的队伍，在18世纪的后半期，就已经注意到为要达到这个目的而经常活跃的一切努力了，而且他们也已有了比语言更有力的证据，要坚决支持劳动人民所要求的主权与财富。为得要达到此目的，早已就有人研究了现存制度的基础和趋势，并且他们的一番努力，也是已经有了结果，就是已经建立了我们所称的政治经济学。这门科学的鼻祖们，已经是找到了一些基本原理了。他们从无可置辩的事实推敲，并且他们已经清清楚楚而且毫无疑义的证明了，在现在的社会制度之下，劳动人民是没有一点希望的——他们是有钱的人的奴仆——他们是受了那些客观条件的束缚，既非他们的敌人，亦非他们自己，所能直

接控制的。

我们不可让横暴的榨取者，无论在什么地方，沉醉于无比的财富与无上的势力之中；同时也不可让疲劳不堪和一贫如洗的人，无论在什么地方，以为他们是命该如此而且是永无救星了。某一些原则，在某一些情况之下，是对的，但是这一些同样的原则，并不是在一切情况之下亦是对的；同时在现在的社会制度之下，工人们所注定了的沦落与穷困，亦并不是在任何社会制度之下，必须与工人们的生存并存的。这一桩事是要用政治经济学家们所采用过的同样原则和同样论证的方式来证明的，虽然他们是，因为尚欠深入，只能得到相反的结论。我们就这样在他们自己的阵地上并且用他们自己的武器与之作战，同时却要避免有关一切“幻想家”与“理论家”的毫无意义的叫嚣，因为他们是惯用这种空论，对于一切的人，有敢一步离开已“由权威”人士认为是唯一修好了的道路的，即将予以打击。凡是由于这样进行而得到的结论还能存在的时候，一班经济学家们仍是必须推翻或否定他们自己的论证所根据的已经形成起来了的真理和原则。

某一位经济学家曾经说过：“社会不管它的形式是最简陋的，或者它的关系是最优雅的和复杂的，只不过是一种交换制度罢了。交换就是对于参加交易的双方都是有利的一桩事，所以社会就是给它的一切成员带来继续不断利益的一种形态罢了。”

历代以来，真正伟大和善良的人们的努力，一直就是向着这个目的进行，要使社会成为上文所说的“给它的一切成员带来继续不断的利益”的社会。可是现在的社会，并不是如此普遍地有利于其中一切的成员，当然社会一向也未尝有过这种情形。请你去问问财富的生产者们罢——那班无论在什么时代或什么国家都是为人所轻视的，劳疲不堪的，受压迫的工人们——社会对于他们，何曾是“继续不断的利益”呢。倘使他们能从坟墓里发出声音，倘使他们能告诉我们有关他们如何受迫害和如何受苦难的可恨可恶的往事，他们的哭声将是怎样的狂烈！他们的咒骂将是怎样的可怕！历史对于他们的命运，虽是默默无言，经验却是现在的人们的永生的提醒者。劳动人民总是不能改善他们的情况，他们亦将没有机会来掌管社会，除非他们能有一天，将这些基本原则普遍地付诸实践——除非他们能有一天，都注意到政治经济学家们所认为是“效用的生产所必需的条件，亦即人生的生活，安逸，和快乐所不可缺少的东西。”这些条件就是：——

“1. 必须要有劳动。

“2. 必须要有过去劳动的积累，或资本。

“3. 必须要有交换。”

这三个条件乃是经济学家们所奠定的，万万不可忘掉。关于这三个条件，是没有任何保留的——这些条件对于任何人或任何阶级的关系是无分彼此的。它们都是要应用在整个社会里边的，同时，按其性质来说，也没有任何个人或阶级，可以不受到它们的影响的。我们必须按其本来面目接受它们，并且无论利与不利，我们必须一视同仁地，拿它们来应用。

倘使我们都已依照这些条件去做，其实是应当这样去做的，现在就不会再有理由，要成立种种会社，来争取政治权利，或成立各种行业的工会，来保护雇佣的工人，以免雇主们极其残酷的剥削。但是这些条件，早已就置之度外了，最多也不过是只能顾到一部，

所以工人和整个社会的现在情形,乃是当然的后果。由于我们的种种习惯和成见的缘故,我们是不易发现真理或基本原则的了,但是更困难的,就是要正确地应用这些原则,或者想法将这些原则都付诸实践。凡属基本原则,在应用上都是一般性的——不是片面的。"你必须劳动"的号令,乃是一切有生之物所必须同样地遵守的。对于这条伟大定律,我们就找不到任何自然的和人为的例外,就是从一点水里最细小的微生物起,一直到潜在大洋的浪潮之下的最硕大的鲸鱼止,一概都是如此。只有人类能够逃避这一定律,而且按照这一定律的性质来说,只有用牺牲别人的代价,才能逃避得了。至于定律的本身,那是永不能毁灭或废除的——它自然地且永不停止地,均平地压在一切人的身上——压在资本家身上,正像压在工人身上一样——而且倘使有一人或一阶级逃避了它的压力,那么全部的重担将由别的人或别的阶级来挑了。可见生存的绝对条件,就是"劳动是必需的"。

"劳动"这两个字,对于大多数的人们,总以为是很不雅的。有许多人总觉得劳动二字,是意味着衣衫褴褛,无知无识,卑鄙下流——甚至是贱骨头,无论在身体或精神方面,都是匆死匆活似的,对于一切与之接触的事情,都是咬牙切齿地表示不满,并且对于自己这条苦命,也是有些厌倦了。倘使要消灭这种由于过度劳碌所造成而难以一时根除的感想,那么这样劳作过度的工人,就要有,而且也必须有,精神上和身体上的补品,来恢复他所浪费掉的精力。但是现在社会的制度,对他丝毫也没有考虑到这一点。在他的四周,现在没有什么,可以将他的沦落的灵魂再提起来,而且也没有什么,可以将埋在他里边的高贵的胚种发扬光大起来;因为现在他所听到，看到，想到的一切，都是会迫使他发生了一种自卑和消极的感觉。当然他的人格就堕落下去，甚至渐渐消失——那么，他就不管，借着纵欲放肆来取得一时的快乐——甚至在不久之后，他就连怎样好好利用几个休息的钟头的愿望都没有了，并且是自甘终身苦步艰行，好像牛马一样，而不像人一样——只知吃，喝，做三样，一直到死为止。人心的万能本质，倘使是不去用且不去改进，就会致病，堕落，和死亡的。

劳动是像别的东西一样，倘使用得合理，那就结果良好，倘使只是滥用，那就贻害匪浅。它一直是被视作一个祸源——并且对于许多的人，的确也是如此——只是因为我们对它一直没有合理使用的缘故，人民大众一直是劳动过度；并且劳动正像任何别的事情一样，倘使做得过度，就要发生嫌忌和憎恶的心情。

劳动本是不应该引起这种不愉快的情绪的，它也不会如此的，倘使是有节制的话。倘使我们能有正确的了解，我们应将劳动视作一种幸福，而不是一种祸源，因为它是维护智力和体力的一服良剂。但是因为我们对于事物的性质和用处太不留意，整个的世界到处都替劳动——一切享受的父母——打上烙印，视为是可憎恶的而且是卑贱的。工人是不得与懒汉或资本家同坐的，他也不能与他们同食或共事的。酒肆和草舍注定是属于这一班人的——舞厅和宫室是为那一班人所霸占的。在现在的制度之下，那班身居社会最高地位的人，以为规规矩矩赚来的一个先令，几乎就是一个人在德行上沾了一个污点，而只能由一代又一代的赋闲生活来洗刷干净的。现在最受尊重的人，就爱对我们指出长长的一连串祖宗，都是没有做过一点有用的事情，并且世世代代凭着社会所许可的抢盗方法，专靠生产阶级的劳动过着他们的生活。但是一切的劳动，都是要别人去担负的。所以提倡公平正直和平等权利的人，就不能不这样喊出口号——“只有让不吃不喝而能活着的人，来喊反对劳动的口号，因为除了他们以外，别无他人是可以这样不劳动的。”

劳动只有一种。凡是一种的工作，并不比另一种较尊贵或下贱，虽然各色各样的劳动，对于整个的社会，似乎是价值不相等的。价值这样的不相等，并不能作为报酬不相等的理由。在我们研究了这个题目的一切意义和关系之后，我们就会知道各种等量的劳动，应该得到相等的报酬，那是公平且合理的，正像人人应该劳动是公平且合理的一样。立身端正的人并不需要这种低级刺激物——较优厚的货币报酬——来鼓励他为人民服务。

现在一切的劳动，都是这样地混合起来并且是这样地互相联系起来，致使报酬不平等的制度所产生的实际待遇不公平的程度，可能超过在另一种制度之下——就是在一切的人和一切的行业都一视同仁，一律同工同酬的制度之下。至于经验已经证明了的，与现在的不平等制度不能分离的精神的和肉体的损害——凶暴不慈，贪得无厌，杀人流血等3 000年来所记不尽记的种种迫害——也就能在同工同酬的原则下消失掉了的。

平等的制度不但是最有利的，并且是极公正的。我们都必须承认，就是最重要的发现或发明，倘使不用劳动将它的结果贡献出来，那就像一件废物毫无一点用处。所以虽然我们以为发明蒸汽机的人，对于社会所贡献的利益，一定是大于制造蒸汽机的人；而且制造蒸汽机的人的贡献，一定是大于在蒸汽机上管水和管火的人；但是最后一个人的劳动，在产生我们所要求的效果上来看，也是与第一个人的劳动一样重要。发明家的图样或模型，倘使不再加机器匠的劳动，那是没有什么用的；并且造好了的蒸汽机，倘使不用水与火的力量去推动，也是毫无用处的模型罢了。可见靠着蒸汽机所产生出来的结果，是依靠——同样地依靠——全体有关的人的劳动的。每一个人是一系列成效的一个环节，并且是不可少的环节——最初的只不过是一种理想，最后的或者可以说是生产了一幅布。这样看来，虽然我们对于有关的人，可以有不同的看法，但并不能因此就以为，某一个人的因劳动而得的报酬，应该比另一个人较多一些。我们知道一个发明家在他所得的金钱报酬之外，还要从我们中得到只有天才才能得到的报酬——我们贡献给他的敬仰。

在现在的社会制度之下，仍旧还存在着各人自顾自的和相对抗的利害关系以及高低不同的各种行业，所以同工同酬的实施，还是办不到的而且是不公平的。有些高级职业与有些行业，倘使同别的行业相比，就需要 4 倍的时间和费用，才能学习成功。现在这一笔费用和时间，是由各个人自行担负的，所以报酬若都拉平，那就很不公平的了，因为获得某某行业所费掉的时间和劳动是不相等的。但是在一个合理的共有共享和合作的制度之下，在整个的社会将负起一切社会成员的教育和职业的责任以后——担负一切关于获得科学成就和普通手艺的费用，并且总结起来说，还要从暂时固然是不生产的科学研究中发掘各种特殊的利益——同工同酬对于蒸汽机的发明者，正像对于蒸汽机的制造者或司机者一样，当然是公正的了。在这种制度之下，既然各种机关，对于考查和研究的设备，都是应有尽有的了，那么许许多多的人，就不难获得现在需要一笔巨款方能获得的科学知识，而且进行范围广大的实验研究；同时同工同酬的办法，亦将成为真正的而且是公正的一切服务的报酬标准了。

第二个条件是，“必须要有过去劳动的积累，亦即资本”。

我们都知道积累就是过去劳动的产物而尚未消费掉的——无论房屋、机器、船舶，以及其他任何有用的东西，凡是能够帮助我们产生更多财富的都是。一切这些东西都是资本。倘使人类的第一代以及继起的各代的人们将他们所生产的完全都消费掉，倘使他们对于他们的子孙不留下房屋，工具，或其他任何财富，那么我们现在一定还是与过去的饥寒交迫的野蛮人一样。每一代的力量，哪怕是在最不利的情况之下，也能在积累方面，增加一些财富，超过其所原有的数额，而且这是他们所应尽的义务。积累或储蓄的原则，似乎是人类所固有的，因为我们对于这个原则，从未完全忽视，虽然我们在实际行动中是不知不觉的依它去做，同时也不知这样的做到底能有什么重要的后果。我们现在所有积累的大部分，都是由前代所遗留下来的，并且我们也好像是受了信托，专门是为得我们自己的利益和我们的子孙的利益，来保管这些财富；因为将来的人，对于这些财富，也是与我们一样，有了同样的权利。每一代都是这样的从前代接受了累积的财富，不过数量的多少总是有点出入罢了。所以按照公平的原则来说，每一代所必须留给后代的，应照前一代所遗留给它的同样比例才是；因为人口常常是在增多的，所以积累也应常常增加。

凡是可以全部在某一代实行的，当然也可以如此对待这一代

的每一个人的；那么，既然有了全国的积累，当然也应有个人的积累，因为前者是有赖于后者的。那些政治经济学家们，既然都沾染着由于现在的制度使然的一种无情的和算盘打尽的贪婪心理，居然也来告诉生产阶级必须从事积累——他们还必须靠着他们自己的努力去做。这种忠告倒是很好，但是对于已经被现在的习俗打到十八层地狱里边了的工人来说，乃是在迫害上再加侮辱。他们是不能积累的，并且理由是极简单——并不是因为他们偷懒，并不是因为他们不能克己，并不是因为他们都是无知无识——只因那些积累，凡是已经遗留下来专为现在这一代全体利益的，都是被霸夺了，并且由以产生的一切利益，完全是被那些特殊人物和阶级所独享了。

第三个条件，亦即最后一个由经济学家们所提出的条件，就是，“必须要有交换”。

交换的定义，就是两方之间的一桩事，一方拿他所需要较为不切的东西，来向对方换取一种他所需要的较切的东西。这样每一个雇佣的人，是将他的劳动去换某一个数目的货币，因为与其不做什么坐以待毙，还不如替人工作得到一点的钱。至于资本家呢，也是这样，与其专吃老本至完了为止，还不如拿他的钱来换取一定数量的劳动；因为他可将这种劳动的产品或者拿出去卖，或者通过交换而获得较大于他原先在劳动上所花掉的钱数，而且由此他就能够过着懒汉的生活，同时还能够增加他所积蓄的财富。这些资本家们，正像我们所看到的一样，都叫这一种的交换为，“一桩事情对于参加交换的双方都是有利的；所以社会是一种形态，连续不断地表现着全体成员的利益。”

生产阶级对于交换这一个题目，无论给予怎样多的注意，总是不会过分的；因为财产不平等情形的产生和继续保持，以及劳动人民被缚住手脚当作祭品供献到脉蒙[1]的祭台上去的主要原因，就是资本家对于这第三个条件的破坏，至于其他一切原因，即使都加在一起，还没有这样重要。

从劳动和交换的性质来说，严格的公正，不但要使一切的交换者互相有利，还要使他们的利益平等。一切的人都只有两样东西可以互相交换，就是劳动和劳动的产品；所以让他们无论怎样的去交换，他们好像是只能以劳动去换劳动。倘使我们都依照一种公正的交换制度来做，那么一切商品的价值，将由全部生产成本来决定，而且应该常常是等值与等值交换。例如，倘使一个制帽的工人一天能做好一顶帽，并且一个鞋匠一天能做好一双鞋——假使各人所用材料的价值是相同的——并且他们要将这两种物品互相交换，他们是平等互利的：任何一方所得到的利益，并不是由于对方的损失来的，因为各方所给出去的劳动量是相等的，而且双方所用的材料也是价值相等的。但是制帽的人如果要二双鞋来换一顶帽——劳动时间与材料的价值倘仍照旧不变——这个交换就明明是不公平的一个了。这个制帽的人就将诈取了这个鞋匠的一天劳动；并且他如果是在一切的交换上都这样做，他就将以半年的劳动换得别人的一全年的劳动成果了。可见他的利益，必须是建筑在别人的损失上面了。

这种不公正的交换制度，就是我们一直至今所实行的——工

[1] 脉蒙(Mammon)是贪财的魔王。——译者

人们一直都是拿一整年的劳动去向资本家换取仅仅半年劳动的价值——并且现在存在于我们之间的财富与权力的不平等，就是从这一原因而来的，而不是从硬说的个人体力和脑力的不平等而来的。资本家总不会放弃资本家的地位，工人永远只不过是工人——一个是统治阶级，一个是奴隶阶级——这一事实就是一切交换不平等的必然条件——买进是一个价格，卖出是另一个价格。倘使交换是平等的，那么一切身体健全的人，就不能像现在许多的人一样，任其自由存在，除非他们是奉行经济学家所指出的条件，就是"必须要有劳动"；同时也不准一个阶级来剥夺另一阶级的劳动成果，好像现在的资本家们，任意剥夺由于工人们的力量逐日产生出来的财富，来供自己享受一样。可见交换的不平等，就能使一个阶级过着奢侈和懒惰的生活，而却使另一阶级老是过着终身劳碌的生活。

在现在的不公正和奸恶的制度之下，交换不但是不像经济学家所说一样，以为双方是互利的，而且从交换的性质来看，这一事实是很明显的：在资本家与生产者之间，在大多数的交易事件上，经过第一步骤之后，就没有什么交换之可言了。凡是一次交换，必须拿出一物来换取另一物。但是这是怎么一回事呢——一个资本家，不管他是制造商或地主，到底拿出什么来换取工人的劳动呢？资本家并没有拿出任何劳动，因为他是不从事工作的。他没有拿出任何资本，因为他所积蓄的财富是不断增多的。这也是事实，一个资本家只能用他的劳动或资本来换取工人的劳动；而且正像我们日常所见到的一样，倘使资本家既不拿出劳动，又不愿减少他所有的资本积蓄，按诸情理，他就不可能拿出他所有的任何东西来与人交换了。这样一来,可见这种交易很明显地说明了,资本家和业主们对于工人的一星期的劳动,只付出了资本家从工人身上在一星期中所获得的财富的一部分!这样的交换,实际上就是以无换有。这种经营商业的方法,虽然是与现在制度的经常惯例相协调的,可是与劳动人民所要求的公正原则,就绝不能相容了。表面上似乎是由资本家拿出来与工人的劳动来交换的财富,实在并不是资本家自己的劳动或钱财,而是原先从工人的劳动中获取来的;并且现在仍旧凭着骗人的不平等交换制度,天天在工人身上榨取。所以在生产者与资本家间的全部交易,明明是一种欺骗——是一幕滑稽戏剧。在事实上和在千千万万的实例上,这一赤裸裸的盗窃,已成为资本家与业主所赖以设法使他们自己寄生在生产阶级身上,并且从他们身上啜吸全部精华的合法勾当了。

那些没有参与生产的人,根本就不应该是交换者,因为他们没有什么可以拿得出来交换,所以也不能换得什么。无论何人,都没有带来任何自然的和固有的财富在他自己身上的。——他所有的只不过是一种劳动的能力。所以一个人若有了任何已经产生好了的财富,亦即任何资本,并且永未使用过这一种的能力,又是永没有劳动过,那么他所有的财富,就不应属于他的。这是应该属于那些用劳动将它创造出来的人的,因为资本不是自生自存的。所以现在在大不列颠的大量积累,因为都不是现在这一类的资本家和他们的祖先的劳动所生产出来的,并且也不是用这样的劳动去换来的,所以这些大量的积累,无论从创造的原则或交易的原则来看,都不是属于资本家的。我们也不能认为这些积累是继承权所授予的,因为这些积累是由一国的人民所创造的,所以只能由整个国家来继承的。这样看来，我们对于这一件事，无论是怎样的看，应该承认一切堆积如山的财富，一直都是由于贪得无厌的抢夺而来的；而且在劳动的人与有钱的人之间，一切的交易，都是打着欺骗与不公正的烙印的。

事实在这里就很明白的指出了，经济学家们所公认的“为人类生命的生存，舒服，和快乐所必需的”三大条件，几乎是一点也没有顾到，而且资本家们自己，连其中的两个条件，也完全没有去做。“必须要有劳动”这一定律，老是被他们置之度外。“必须要有积累”的定律，亦只做了一半，并且是使之为某一特殊阶级服务，而危害社会上其他一切的人的。至于“必须要有交换”的定律，在资本家们一直是不遵守必须劳动的定律的情形之下，也是他们所不能遵守的；因为他们并没有什么东西，可与人交换，除非他们自己也拿出自己的劳动来参加生产。因此由于任何一个阶级对于这三种条件的破坏，我们的社会就不可能在它的道德和自然的形态上具有了它所应有的形态了——“全体成员利益的不断连续”。在我们尚未能使这些定律在社会的每一角落里都发生了一律必然的作用的时候，社会仍必须是像现在的和过去的一样——就是一连串的迫害，劫夺，和压迫——就是人与人间在雇主与雇佣者的名义之下的一种永不停止的战争体系，其中只是后者必须忍受一切的艰苦，并且还要补偿一切的损失。政治经济学家们所认定的这几条原则，在我们考虑到资本家与工人怎样将它们付诸实践时，确能证明双方的利益是不一致的，正好那些抢劫工人的人们也愿工人有这样的信心一样。在双方交换尚未平等的时候，双方的利益永是不能一致的——雇主的利益永将是雇佣者的损失。交换永远是不能

平等的,倘使社会是分成资本家与生产者——后者是靠着他们的劳动过活的,前者是靠从那种劳动来的利润发财的。

我们既已总结了产生一切事情的现状的种种原因了,我们自然就会明白,倘使社会制度与习俗,是准许一个人的利益都建筑在别一个人的损失上的;并且,因为地位的关系,将一个阶级看作是另一个阶级的牛马似的,那么任凭我们成立了什么样的政府,而且只是靠着什么样的政治力量,我们绝不能在我们之中做到权利与法律的平等,同时也不能在任何其他国家的人民之中得到这种平等。我们可以高谈道德和友爱以及己之所欲应施于人的大道理;但是人们确是不能团结共处,并且互相爱护如兄如弟,除非他们有了一个共同的目的摆在眼前,并且在他们之间存在着完全利益均沾的关系。这也是一定之理:倘使不平等的交换和同工而不同酬的情况是存在的,这种利益均沾的关系也是不能存在的。

生产阶级的大众人民,都期待普选或成立一个共和国,来救治他们所受的迫害;但是我们已经指出,这些迫害的根源,比政府的形式着实还要深得多哩,况且并非仅仅政府形式的改变所能去除得了的。在现在的社会制度之下,全体劳动阶级的劳动资料是依靠资本家或雇主来供给的;并且一个阶级,由于它的社会地位的缘故,既然是这样地依靠另一个阶级来供给劳动资料,实际上也就是依靠另一阶级供给生活资料。因为这一种情形,与成立社会的本意,正是适得其反——这样的不合理性,不合正义,和不合权利自然平等的原则——所以它就不容一刻掩饰或辩护了。这是将不应授予任何人的权力授予人了。财富分配的不均,就可以使人能统治人;所以造成这一大祸的,并不是政府的各种特殊形式,而是财富分配的不均。当然财富分配不平等的原因，乃是交换的不平等，亦即吞灭我们的暗敌。只是政府的改变，就绝不能改变现在的社会制度，也不能改变雇主与雇佣者的相对地位，也不能对于不平等的情形有任何影响。所以一切这类的变革，不管是搞得怎样大，都是带着欺骗性质的，并且从这些改革的性质来看，都是毫无价值之可言的，除非它们是涉及被统治者的切身自由问题的。在好像现存在的一切事物的情况之下，劳动阶级的人们，不管他们的智力，道德，勤勉，或政治力量是怎样的，总是因为社会组织和他们在社会中的地位关系，就注定了并判定了只能是绝望的和无可挽救的奴隶，直到世界的末日为止。

第 四 章
忽略基本原则的后果

经济学家们已经指出这三个条件，对于人类社会的存在，是绝对必须的：就是必须要有劳动，必须要有劳动的产品的积累或资本，并且必须要有交换。我们已经说明这些条件，根据它们自己的性质以及人在社会上共同相处的关系，只是在别人或别的阶级的牺牲之下，才能够被某一人或某一阶级所避免的；所以每一个人倘使对社会不做出贡献相等于他所得到的利益，他就是对社会的某一部分的人犯了错误。根据社会成立的本意和目的来看，我们也就可以推知，不但一切的人应该先行劳动，然后才能成为交换者，而且同等的价值，还应该常常换得同等的价值——并且因为一个人的利益绝不应该是另一个人的损失，所以价值应该老是由生产成本决定。但是我们已经看到在现在的社会摆布之下，一切的人并不是都在劳动着的；所以一切的交换者并不是利益均沾的：资本家与财主的利益常常就是工人的损失。这种结果将永难避免，而且无论在任何一种或每一种政府形式之下，在不平等的交换仍旧存在时，穷人总是完全被财主鱼肉的；并且只能在那样的社会设施之下，人人必须劳动而且报酬是等于他的劳动，然后才能有交换平等的保证。我们不妨再举几个有关现在制度的作用的例子，就会更清楚地对我们指出，如果我们企图治疗这种社会本身组织所固有的一切毛病，除了完全改变社会制度之外，别无任何有效方法了。

在联合王国里边，在现在的时候就有许许多多的人已经劳碌一生，可是他们所有的财产，还不及一年的劳动的价值；而且又有许许多多的人，连一个月的劳动都没有干过，可是他们现在所有财富的价值都是许许多多的几百镑。这些财主们怎样能有了这样多的资本呢？他们是从未劳动过，可是他们非但不必工作能够生活，而且他们的财富还能年年增多。他们之中有些人会告诉我们，并且会得意洋洋直言无愧地对我们说，他们的财产是在过去的时候得来的战利品；甚至还有其他一些人也会说，他们的钱财是他们自己勤劳所积的成果，意思就是指他们在资本使用时凭着不平等的交换所得来的利息或利润；并且还有人会肯定地说，他们所有的财富是他们的祖先所遗留下来的。

靠征服别人来获取财富，乃是极不公正的事，所以根据征服别人所得到的一切权利，就是替自己当场判罪的凭证；而且任何个人替自己取得或授予别人仅仅一呎土地的权利都是已经被我们所否定和指责过了，因为土地是它的一切居民的公共财产，并且每一个人都无权去割据一部分，而只有权获取他的劳动使土地替他产生的财富。

至于那些资本家们，自认他们所得的财富是，通过不平等的交换，由资本所产生的利润来的，而不是由战利品来的，似乎是比较公正一些，但其公正程度，也只不过是毫厘之差罢了。日常的经验教训我们，倘使我们从一个面包切了一片，这一片就不能失而复生了。这整个的面包只不过是许多片面包的积累，并且我们若多吃了几片，同时就只能少留几片以后再吃了。劳动人民的那块面包就是如此；但是资本家的那一份却不是如此的。他的一份总是一点一点的增大而不缩小的；而且对于他呢，总是切了又生，永是这样不停的。每一个工人都知道，倘使他能积蓄了几个镑，一旦忽而有病或失业，那么他只能在一定的时期内，可以靠着这一点钱生活。这是他自己的资本——他自己的勤劳所积累起来的产品——并且是要一点一点消失，一直到完全消费掉为止。就是因为这样，倘使交换是平等的，现在的资本家们的财富亦将同样地要一点一点从他们那里转移到劳动人民的手里去的。财主花了一个先令，就将少了一个先令的财富；因为这是自然的道理，倘使在全体中取出了一部，其所留下来的全体一定是比未去掉一部时的全体较小了。

至于由遗产而来的财富，我们只要稍加思索，就能相信过去的一切情况已经使生产阶级，虽然经常不歇地节贮他自己的勤劳所获，亦难累积到许许多多的个别资本家与业主们现在所拥有大量积累的五十分之一。如果我们面面都考虑到我们就会觉得即使是1 000镑的数目，就需要一个工人的一家，经过几代的时间，将所有的储蓄都留传下来才能办到；而且这样一桩事，只能在万事顺利，而且侥幸于万一的条件之下才能办到。我们都知道一切过去的时代，都充满了流血与毁灭的战争——许多国家，大不列颠亦在其内，时常被武装强盗的队伍所扫荡和抢劫，因此一切财富的生产遭受停顿——只有生产阶级，通过不平等交换的媒介，常常必须做贵族的铺张浪费和他们的傀儡政府的支柱——所以任何一个资本家要从劳动阶级的祖先们实际储存的劳动中再挤出1 000镑，也是不可能了。

依照政治经济学家们所奠定的条件——必须要有劳动，积累和交换——当然没有积累就没有交换——没有劳动就没有积累。单是最后这一条件，就可立即将资本家的讼案判决为有罪的了，并且也可指明他所凭以保留的财富保有权是不公正的和可耻的。只要是有积累，那就表示已经有了某些人或阶级的劳动了。倘使资本家们所拥有的积累是他们自己所创造的，当然这些积累，就可凭着创造的权利，应该是属于他们的。倘使他们是用同等价值的别样东西去交换来的，当然这些积累也就可凭着交换的权利，亦是应该属于他们的。但是一切资本家和业主并没有在生产的行业上有过任何一点劳动。即使他们是做过工人的，他们也不能生产他们所有的这样大的财富，因为他们的体力和智力以及因此而来的生产能力，并不比大多数的劳动人民优越到哪里去。懒汉反成财主，勤劳之人反而要同终身的穷困挣扎，怎么会有这样的事呢？劳动人民的财富怎样老是不能增加的或者只能是减少的，而资本家的财富却是年年增多的呢？这是怎么一回事——发财的人是骑马的而劳动的人是步行的——还要用轻便马车来代替马——还要用四轮的豪华马车来代替轻便马车——并且因为富者愈富，结果成为懒汉，同时所做的工作更少了？这种奇形怪状的社会现象及其与之不能分开的弊害，正像我们所看到的一样，都是从不平等的交换来的；因为在现在的制度之下，每一个工人至少要给一个雇主 6 天的劳动，来换取等于 4 天或 5 天劳动的等值，所以资本家的利益必

须是工人的损失。可见在这种制度之下,每一份财产都是从贸易里边得来的,一切资本家或雇主的积累完全是从劳动阶级或雇佣者所应得的款项中扣除下来的;并且无论那里有人是这样致富的话,他只是在这样的一个条件下才能办到,就是许多人一定是仍旧贫困。依照一般的意见,一切的人不能都是富有的;但是要使人人贫困,亦不是必要的事。

这样看来,无论从哪一角度去观察——或者算是礼物,或者算是个人的积累,或者算是一种交换,或者算是一种遗产——种种的证据满可以确定财主的产权凭据的不合理,因之这种权利就失去合乎公理的幌子了,而且也是没有价值了。现在我们国家的财富,并不是在几世纪以前就属于这些财主的祖宗了,因为在那时候,事实上还没有这一笔财富的存在。即使他们的祖宗是有这一笔财富,它也就早已就消费掉了。它也不是从这些财主的劳动成果逐渐积累起来的,因为作为一个阶级来说,他们并没有做过工人。即使他们是做过工的,并且是努力做过工的,他们也不能搜集到这样多的财富。它也不是凭着平等的交换得到的,因为离开了人的劳动,平等的交换并不能使人致富。它也不是由财产的遗留——从一代的工人的储蓄遗赠给下一代——而来的,因为一切的情况都是不利于财富的转移与积累的。要知道这笔财富的唯一来源,就是历代以来的工人骸骨和血汗,并且它是为欺诈的和促成奴化的不平等交换制度从他们身上所夺取去了的。

现在社会制度的生命与灵魂,就是不平等交换这一原则,并且其他的一切不平等都是与此分不开的。这一原则无论在什么地方付诸实践,那里的人的钱财或者他的一生成就,就将不是依靠他的

品德了，亦不是依靠他的心身才力了。当然每一个人都有一种无可置议的权利，来保有和享受一切由于他的勤劳或节俭而累积起来的财富；但是在现在的制度之下，让劳动人民无论怎样的勤劳和节俭，他也不能由劳动的所得而致富，也不能不必做工而可以生活一个相当长的时间。倘使他要发财，他必须在社会里改变他的地位，而且并不是拿他自己的劳动出去交换，而是他必须变成一个资本家，亦就是对于别人的劳动的交换者；并且就是这样地通过交换的媒介，来劫夺别人，正像他自己曾被别人劫夺过一样，于是他就将能够从许多别的人的小小损失里边，获得大量的利益。

现在的制度无论是在哪里，其使人致富的方法就是如此：我们假定他已积到或借到 100 镑，并有了资本家的地位，他就可以用这一笔钱来“投机”——就是他可做一种不公正和不平等的交换——他可按某一价格买进一种商品，而且并未用自己的一点劳动使之增加价值，但却按着较原价加倍的价格出售他的商品。这样他就因为别人的牺牲而致富了。不然，他还可以用他的一百镑，购得某数量的劳动，并且将这种劳动的产品按 200 镑出售。那么，倘使这种劳动原来就值 200 镑，但是这一位新兴的资本家，只付了 100 镑的代价，他就明明地从他的工人那里骗取了他们所应得的半数了。倘使这种劳动是只值 100 镑的，而这位资本家却以之换得 200 镑的话，那么这也明明白白是他已欺骗了第二回与他交换的人们了，因为他只给他们 100 镑而取得他们的 200 镑。这个资本家用这种方法所得到的一切利益，不管是从头一回或从第二回的交换来的，都是完全从生产阶级身上榨取来的。整个社会只有两个阶级——劳动者与不劳动者；由此可见全部的利益——全部积累起来的利

润或利息，或者任凭你叫作什么，在现在的制度之下，都是归资本家所有了的——是从全体的生产者那里来的，也就是从社会的劳动阶级那里来的，因为仅仅他们才有可以交换的东西，并且那些东西就是他们的劳动以及这种劳动的产品。凭着这样的继续“交换”，这个资本家在很短的时间内，就会得到了几千镑，正像当初他得到了几百镑一样——并且这也是只费了他的一点劳动或不费任何劳动——这样一直等到最后退休为止，然后坐享他的“正当利益”。他的儿子们也就重走他所走过的道路——他们是在奢侈和无所事事中生活着，所以他们成为，并且无穷无尽地繁殖了，一个“资本家”的族类！

现在磨难劳动人民，使之堕入污泥的小资本家们，大多数都是这样产生出来的。但是由于不平等交换所得来的巨额财富之中，明明只有原来的一百镑或其他任何原来数额，乃是每一个资本家所应得的。这一百镑确是属于资本家的——我们不妨假定这是他自己勤劳的成果——所以这是他应有的财产。但是他所应有的权利就是到此为止了；因为一切由于利用这一百镑而由别人的劳动所产生的财富是属于别人的，而并不属于那一百镑的主人的。这一笔钱并无什么固有的动力也没有其他作用。它只能代表某一数量的产品，并且它本身是不能作什么的——它在帮助生产之后，既不会损耗，又不会破碎，也不会降低质量。资本家所取回去的资本就像他借出去时完全一样，他并未因为别人曾利用过他的钱的缘故而受了丝毫损失；所以他既然没有损失，按理就不应得到任何补偿——只是他的劳动也能得到一份与任何人的同等劳动支出所得的报酬一样。

政治经济学家们与资本家们已经写了并且刊行了许多的书，都是要使劳动人民相信“资本家的所得不是生产者的所失”的谬论。他们告诉我们说：劳动假使没有资本是寸步难移的了——资本和掘土工人手中的铁锹一样——资本对于生产是像劳动一样重要。工人日益知道这种情况，因为他对于这一道理是司空见惯了的；但是资本和劳动的相互依存性跟资本家和工人的相对地位是不相干的，并且也不能说明资本家应该由工人来养活。资本是未消费掉的产品，在这一时期已有的资本，将不依靠任何个人或阶级而独立存在，而且也绝不能和他们混为一谈。一方面，劳动是它的父，另一方面土地是它的母；而且联合王国的每一资本家和每一财主，倘使在一分钟内都消灭了，就是毫厘的财富或资本，也不会随之一同消灭，国家本身也不会因而损失毫厘的财富。生产者在工作上所必需的是资本而不是资本家；这二者之间的区别正像货物本身与提单一样。

从资本与劳动二者之间的关系来说，在一个国家里边，资本或已经积累的产品愈多，则生产愈形便利，而且对于产生一定效果的劳动亦愈减少。当然这是很明确的。这样大不列颠的人民现在既然有了极大的资本积累——他们的房屋、机器、船舶、运河和铁路——能够在一星期之内生产出来的物品，比起他们的一千年前的远祖，在半世纪内所生产的还要多得多。能使我们得以如此的，并不是我们的体力，而是我们的资本；因为无论在什么地方，倘使缺乏资本，生产的进展就将停滞和费力，倘使资本充裕那就完全不相同了。这样看来，这是很明显的，凡是有利于资本的，也必有利于劳动——凡是资本的增加，势必减轻劳动的辛苦——因此凡是资本的损失，亦必成为劳动的损失。

这一真理虽然是政治经济学家们久已就看到了的，但是他们一直总没有好好地叙述过。他们甚至于将资本视作社会的一个阶级，并且将劳动视作另一阶级——虽然资本与劳动二者并没有这种关系，无论是自然的或人为的。这些经济学家们常常企图将劳动人民的繁荣——其实只不过是他们的生存——寄托在资本家的奢侈和无所事事的条件身上。他们只希望工人在生产两餐食物以后，才能吃到一餐——一餐是他自己的，还有一餐是他的主人的——后者是通过不平等的交换间接获得那一餐的。凭着这种方法，将社会分成两个阶级，并且将劳动与资本分开，这班经济学家和资本家们，就能够靠着不平等的交换，维持着他们的阶级的特权，凌驾于劳动阶级之上；并且他们还恬不知耻地并带着亵渎语气地对劳动人民说，这一切的情况都是那位无所不能的主宰所命定的！

在现在的社会制度之下，资本与劳动——铁铲与掘土者——是两种分离的和对抗的势力。在它们联系到某些人和某些阶级而存在时，它们一向就是如此，并且常常必得如此。虽然资本与劳动是密切联系起来的，并且是互相依赖的，并且二者总是为得一个共同目的而合作的，那一个目的应该就是生产，不应该是将一个人提得高高的，将另一个人压得低低的。在联系到某一些人或阶级的时候，资本与劳动就不能利益一致了——它们永远是对立的——因为资本家的利益常常是劳动人民的损失；并且劳动人民的穷困与劳役的必然后果，就是资本家的富有和安闲。

现在联合王国所有的巨额财富，差不多是值几十亿镑，而且都是生产阶级的劳动，在许多世纪里所生产出来的——在这巨额的财富之中，劳动人民所能有和享受的一份，与现在的社会制度已经使资本家占有的一份相比，真像一吨中的一盎司或大洋中的一滴水一样。只要不平等的交换任其一旦存在，即使大量的财富一年又一年地生产出来，劳动人民所得的一份，非但一直不会增大，并且也永远不会增大的；因为必须如此，方能继续维持现在社会的阶级划分——资本家与生产者——并且能使一部分人的财富和特权，可以在其他一部分人的贫困和贬谪的基础上滋长起来。凡是工人生产了一样东西，它就不属于他了——它就属于资本家了，因为它已由那种视力所不能及的魔术——不平等的交换——从这个人的手里转移到别人的手里去了。这一个工人，虽然竭力工作，但仍依然是个贫困的故我，就好像将生产了更大财富的劳动，尽已付诸流水似的；其实这种财富，又是依照同样的方法，转移到资本家手里去了。这样看来，那个被压迫和被抢劫的劳动阶级，必须一直辛劳，直到现在社会制度的末日为止；因为那些资本家与雇主们，只顾自己利益，所以他们是与一切劳动人民利益敌对的人。劳动人民所关心的就是靠他自己的劳动去取得愈多愈好的财富：资本家所关心的，却是专靠别人的劳动或利润去取得愈多愈好的财富。因为利润是由劳动而来的，并且资本家的财富只不过是利润的积累，所以资本家的所得一定是劳动人民的所失。双方“交换”的性质必然要使一方永远富有和他方永远贫困，并且还要这样地破坏一切权利和法律的平等，不管已经成立的政府的形式是怎么样的，同时也不管落到劳动人民的手里的单纯政治势力是怎么样的。

在现在的社会制度之下，资本家与雇主不仅是与劳动阶级有

所区别的，并且似乎是不依赖劳动阶级的。他们完全掌握贸易的每一环节——生产的进展，衰滞或全部停顿以及工人生活的比较改善或濒于饥饿，都是要听命于他们的。在一切行业和高级职业里边，资本家或雇主总是以一份的工作，获得双份或四份的报酬，或者就无须任何一点工作。这就是对劳动的迫害的根源。一个有关组织健全的社会制度的基本原则——平等的交换——现在还是没有人去注意，并且各种行业的工人都要遭受到各种各样的迫害和不平等的待遇，一一都是由于其他一些人的贪婪使然的。一切社会的或政府的迫害，都是与忽视平等的交换或同工同酬这一大原则有关的。只要报酬的不平等一天存在，那就必然会有交换的不平等，那就会有财富和其他情况的不平等，那就会有些阶级，因将劳动的担子放在别的阶级身上，自己逃避了劳动，那就会有贫富之分，那就会有暴虐者和奴隶了。对于报酬和交换的整个问题，我们只能有这样的一个办法：还是这 50 人，为了一星期的工作，各得 2 镑呢，还是每人仅各得 1 镑，而将剩下的 50 镑交给资本家呢？当然一切的生产者对于这个问题只能有一个意见；并且他们绝不会容忍如此昭昭在目的不公正办法，将付给 50 人的全部集体工作的工资总数那样大的钱数，去付给只是做了一人工作的那一个人。

“普及劳动”的意义就是指一切的人，在一生之中的某一时期之内，其必须为社会所尽的义务，应相等于社会所给予他们的利益。这一公正的原则，还是永未付诸实践，因为只有一个阶级专是将利益贡献出来，而另一阶级只知独吞一切的利益。劳动人民永是创造财富，而资本家与业主们只会剥夺和享受财富，一直要等到交换平等的制度来迫令他们从事劳动而不再攫取别人的劳动成果。“劳动”这个名词不仅指在直接生产事业上心身努力，同时还指任何一种的服务，凡是能够增进人类知识和幸福的都是。我们对于高级或低级的享受，各人都是有所爱好；但是财富的生产及其确当的分配，乃是各种享受的先决条件，因为只是在这个基础之上，才能建立人类真正快乐的上层建筑。精神上的享受，也像肉体上的享受一样，必须同时都照顾到，否则只有做到人生在世的目的的一半，同时也仅享受到人生所能感受的幸福的一半罢了。要达到此目的，必须常常要有分工——总是要有智力超群的人，来做一切同人们的领导者——总是要有卓越的文学家、美术家和科学家——但是以上一切的人，只不过是大大的整体的几部分，并且他们也是要靠着别人帮助，好像别人也靠着他们的帮助一样。所以大家既然都是无分彼此而是互相依赖的，那么他们的劳动也应该是一律平等不分高低的了。总之不管劳动是平等的也罢，不平等的也罢，它的报酬应该常常与它的多少成比例，至于它的性质，或结果，或目的等，却是可以不必考虑进去的。但是分工问题，千万不可忽视，因为它能替人类减轻劳苦，而且是能使人类开步踏进文明和风雅的领域。

这些资本家和雇主们，在耳闻有不满情绪的时候，就会为现在的社会制度辩护，以为联合王国的劳动阶级，已经是没有什么可以使他们不满了——他们是生活在比较自由的社会制度之下——他们既然可以工作又可置之不理——并且他们在衣，食，和教育方面，甚至比古代的国王还好得多。为得要使生产者的现在情形与过去情形的对比更是惊人有力，他们还要搬出过去的一切记载，指出过去的劳动人民，就像牛马一样，是要跟着他们所属的地产被出

卖掉或被购买去的——他们的房屋只不过是一些树枝和一些石头凑成的，连门窗的玻璃都是没有的——他们就在潮湿的泥地上铺起来的草堆上面睡觉，并用一块木头当作枕头——他们所吃的是最粗的粮食，并且一年还吃不到十来次的肉——他们既无书报，又无知识，并且还要依着主人或东家的意思替他们去工作或作战。即使他们所说都是真的，并且劳动阶级现在的情形就算是比他们的前辈有所改善了，他们也不能因此就不再加改善，而且还要继续改善，直到与那些人拉平为止——就是告诉他们不要再发牢骚的人，亦即希望他们对于他们现在所处的地位应该心满意足的人。一切的幸福是相对的；并且人的性情是不能安于现状的，倘使他知道前面还有更美好的远景。当然他也不会甘心情愿，依着低级的标准去衡量自己，倘使前面是有了更高的标准。为什么巨额的财富应该是放在懒汉和酒色之徒的手里，而勤劳正直的人却是两手空空的呢？为什么这班吃得好和穿得好的毫无意义的人们，却是乘着豪华无比的车辆，懒洋洋地滚来滚去，只是为得寻求新的快乐，来刺激刺激已经觉得任何东西都没有滋味了的胃口，而劳疲极了的工匠们，却是天天像牛马一样工作，甚至是穿不上和吃不饱呢？这种事情是没有什么理由可以来解析的，因为我们尚未找到一个理由。这位与世界同在的圣洁的至公之灵，就对着我们大声疾呼地说出千古不灭的真理了，就是他从未命定这种人间最不公正的区别。

联合王国的生产阶级是被各色各样并非笔墨所能形容其万一的担负和弊害，深深地压到十八层地狱下面去了。凡是经过五官而来的一切，都是要使他们受到种种苦难的，因为他们的视、听、嗅、味、感等机能都是不健全的，并且也都需要医治的。这些毛病都是交织在现在的制度之内——这样地分布开来和这样地勾结起来——这样地渗透进每一种社会的和政治的制度里面——所以生产阶级只有一刀割断一切，才能获得自由。凡是单纯的政府改革，都已证明是虚伪的并且是没有用的。现在还有一个救治方案，而且是只有一个，尚待试用——就是要改变人类社会的行程，并且要一下子将数千年来所累积起来的弊害一扫而光。我们之中还有些人，对于我们所提的这样大的改革，恐怕是有些惊慌，但是我们只要这一变革能够去除那一毁灭我们的巨祸就够了。让那些以为不必那样大的变革也能完成任务的人们去翻一翻历史罢——让他们回视在各种政府形式之下和各种宗教体系之下的一切时代的劳动人民罢——他们就会知道我们现在所痛斥的种种弊害和罪恶一直是存在着的。我们一切的努力，无论是小的或大的，无论是精神的或肉体的，难道不是不能脱开那一个在这许多时代以来就压在财富生产者的身上而使之委靡不振的重担么？难道劳动人民的每一斗争不是都没有毁坏了那个眼所不见的势力——就是将他们的一切力量置之于资本的指挥之下的势力——么？难道他们不是只听别人摆布，甚至身体和灵魂都被别人束缚起来，只好乖乖地承受一切由于政府方面或宗教方面的阶级暴政而加在他们身上的任何苦痛么？倘使专制政体，或者只由某一些人或某一些阶级来行使一种不能代表人民的权力的政府，是能完成这一任务的话，那么我们已经有过了的专制政体，不能说是不够罢——倘使自由，不管是已经到了肆无忌惮的程度了的自由，或者是服从民主民权的政权的自由，能够完成这一任务的话，我们已经有过了的自由，也不能说

是不够罢——倘使祈祷和献祭以及焚香供奉能够完成这一任务的话,我们4 000年来一直向苍天上升的呼求和香烟亦当发生效力了! 那么,一切没有涉及成立基本原则的救治方案都给我滚开吧。这是从未有人试用过的唯一救治方案;并且从一切毛病的性质来看,这是唯一的有效良方。

第五章
联合王国劳动阶级对政府的负担

在一个万事都在前进而永无止境的狂流之中，一个人虽然仍可作种种坚持不动的企图，但是这一种的努力，一定是枉然的。凡是他今天以为是完善的，到了明天，他就情愿稍稍地修改一下了。这一无所不在的运动精神，老是如胶似漆的与人同在的；并且好像是在不知不觉之中，他也和其他一切事物一块儿在运动着。人们虽然永不止息地在演变和改变着，可是他们在初尝变革风味的时候，总是不肯高高兴兴接受的。我们一生做人，真像小脚女人赶路一样，凡是要加速我们的步伐或者要使我们的旅途更轻松愉快的事情，在开始的时候，总是我们所不乐意的。然而到了后来，在我们已经过惯了新秩序而又将前进的时候，我们对于最后这一变革，却又坚持不改，其顽固程度正像当初所表示的坚决反对一样。应知穿旧鞋虽然比穿新鞋来得舒适，可是我们仍须弃旧换新；因为任何事物——一种制度也像一种衣着一样——必须是先新而后能旧。

在各个时代里边，人们一直是高喊反对任何样儿的变革。倘使一切的变革，都被视为阻碍世事演进的不祥之兆的悲惨占卜的话，那么我们现在恐将与赤身露体而且半饥饿的野蛮人还是一样的了；因为野蛮的人，也像文明的人一样，亦可能有最好的社会制度，最好的政府形式，和最合理性的宗教信仰，或者是由人制定的，或者是由上苍命定的。现在因为我们已经获得这样大的进步了，为何我们不再向前多走一步，并使我们的世界正像诗人们所常梦想的一样，或者是像善人们所常希望的一样呢？为何我们不制定互相有关的一种行动制度，完全根据唯一能使人得到快乐和力量的那些千古不移的公正的和平等的原则呢？我们已经清清楚楚地看到苍苍众生，由于现在的社会结构的缘故，都是命运注定不能抬头了的阶级——由于他们与资本和资本家所处相对地位的缘故，他们的情况是不能改善了的，他们所受的迫害是无法申雪了的——而且虽然他们是生产了100万镑价值的财富来替代他们现在所生产的每1 000镑，他们，作为一个阶级来说，仍将受到压迫并且仍将一贫如洗。这种不公正制度的破坏以及根据人的本性和其他属性的新制度的成立，并不是一件困难的事；并且倘使眼看成功就在边缘了的时候，我们是义不容辞地要试图实现这个改革的。

倘使生产阶级要有一种刺激，使他们能够为了他们的解放的崇高事业而努力，那么让他们一同看看他们的政府的责任和他们的社会的责任罢——有的责任是属于君主政体的，并且有的责任是属于以君主政体为代表的不平等的制度的——并且谁都可以看见联合王国的劳动阶级，每年为不平等的交换所劫夺去的劳动成果，几乎多到难以计算的程度；并且只要这一不平等的交换制度许其多存在一天，这些生产者就将多一天是这样的穷困，无知和工作沉重，几乎像他们在现在的时候一样，即使每一种对政府的担负都一扫而光，并且一切租税都全部撤销。

单是现在的社会制度，就这样地使许许多多身体健全的人，只是过着毫无所用的生活，并且对于所受的利益，也不必拿出任何等价的东西去交换。这一件事，就足以对生产者证明了现在这种制度是不好的。有闲阶级的所得，就必须是劳动阶级之所失：虽然前者获得他们所有的财富的方法，可以称为合法的，但是这种交易，简直就是对劳动人民的盗劫。只是这些懒汉，都不肯承认他们对生产者的抢劫。这班资本家与业主们，当然不敢说他们是无须吃喝而能生活的，但是他们却敢郑重申明，以为他们是有正当的权利，来向工人索取生活所需物品的——他们完全有权来作生活的享受而却不必工作。他们的权利就是根据他们自己所说：土地是属于他们的，房子是属于他们的，机器和货币是属于他们的，每一样东西都是属于他们的。他们还要告诉我们说，在资本家与劳动人民之间的关系，完全是根据互利原则的：并且前者是公公平平的应在后者的产品里得到一份，因为工人所用的资本，都是由现在的制度使之成为资本家所有的财产了。

我们已经看到这些资本家与业主，一直就没有并且也绝不能以个人资格享有任何权利，来独占土地和积累的资本；他们所占的土地并不是上苍所特赐的，也不是上苍所卖给他们的，也不是上苍所赐予有权将土地出卖或转赠的人的；但它是上苍赠与全人类的共同礼物。况且现在所有的积累，一直都是由劳动所产生出来的，当然它们也只能属于劳动的，因为资本家从未拿出等值的代价与之交换。即使一切的土地，机器，和房屋，都是属于资本家的，而且劳动人民是不存在的话，那么这些资本家们也仍不能逃避这个大原则："必须要有劳动。"他们的财富就将使他们在工作或饿死的二条去路之间，必须选择其一。他们不能拿土地和房屋来吃；并且，倘使没有施用人力，土地就不能自己产生食物，机器也不能自己制造衣服。所以在资本家和业主们提到劳动人民必须供养他们的时候，他们也就毫不客气地说，这班生产者是同他的房屋和土地一样，都是属于他们的——上苍创造劳动人民，就是专门给财主使用的！倘使某些特殊阶级是从无所不能的主宰的手里，已经得到一种特许的执照，可以将世上所有的好东西都拿来并据为己有，而且还可使劳动人民永远受其奴役的话，那么请他们拿出字据来让我们看一看，然后我们对于劳动人民所受的种种迫害，就将闭口不言。

联合王国的每一个工人，都知道并觉得，他是被人劫夺和贬黜以及被轻视的阶级的一分子，但是他却不知道他替别人肩着的一半担负。他看不见他的担负的一大半，并且就是因为这种情形他才一直不言不语地忍受着这条苦命。他们这一阶级的人，大多数只相信他们所担负的，不过是他们对政府的担负，亦即他们所纳的苛捐杂税罢了。他们以为通过普选的途径获得一份参政权之后就可去掉这些捐税了；否则他们以为改变政府的形式，去掉不负责的国王或女王，换个他们自己所推选出来的首长就好了。然而在劳动阶级看清他们所受的社会迫害和政府迫害之后——在他们比较了这一个榨取和那一个榨取之后——在他们感觉到现在的制度使社会中的某一些阶级能从他们身上剥取巨额财富之后——他们就将动动脑筋，想起什么变革都是不能完全消灭现在的制度的，而且必须成立一种制度完全根据我们所考虑的公正和平等的广大原则才好。

人一直是别人的财产；并且，倘使仍在现在的社会制度之下，单靠政府的变革，对他是无济于事的。虽然我们早已就丢弃掉奴隶的称号及其所穿的号服了，但是劳动人民，仍旧是同他们的祖宗在过去的时候一样，还是别人的财产。他们只是在劳作着，别人却是无所事事——他们只是在生产着，别人却只知消费——这一阶级只是在发号施令着，别一阶级只知唯命是听——所以事实上这班从事生产的人，仍旧还是像奴隶一样；并且苍苍众生，无论是在君主政体的欧洲受奴役的，或者是在民主的美洲凭空追求理想的，现在他们所受的苦痛，并不下于他们的祖先，且其所担负的劳役也并不下于他们的祖先。别的事都是可以做得到的，只有蓄奴一事，无论在原则上或在实践上，在劳动尚未普及和交换尚未平等的时候，总是不能消除的，同时人就因此不能得到真的自由了。

今年，耶稣纪元1838年，在大不列颠与爱尔兰的联合王国里边，就已有25 000 000个居民——包括男人，女人，和小孩子们。为得要维持国家的一般行政，要支付所谓“国家公债”的利息和无数的由统治我们的人所享有的抚恤金和薪金，每年就要有50 000 000镑的收入和支出。在这一笔巨款——恐怕是现在世界各国中最大的了——之中，约有28 000 000镑是必须作国债付“息”之用的——7 000 000是用作一支100 000人的陆军的维持费用的——海军和炮队需要5 000 000镑——其余的款项完全都是用于抚恤金，薪金，以及其他有关所谓君主政府的机构。除了中央政府这样滥用了的50 000 000以外，还要加上每年必须筹集的许许多多的数百万镑的地方特捐，以为维持州郡，城市，和教区地方政府之用。

“国家公债”——其应付的利息在我们的支出中形成这样显著的一项——从前达到了100 000万镑以上，现在已经减到80 000万以下了。这一巨款的一部分是由一个不负责和专制的政府从我们自己国家里边的某一些人那里借来的，而且有一部分是名为借来的，都是为得对于世界上几乎每一国家，进行流血和毁灭的战争用的。未来的后代将要徒劳无益地向过去了的前代发问，到底我们从这些战争里得到了什么利益；但是为得这些战争所举的债，虽然说是仍旧存在，实际上由于所谓“利息”和通货改革的媒介，已经是由生产阶级付出二三倍的代价了。

在 1688 年公债总额为	664 263 镑
在 1702 年公债总额为	16 394 702 镑
在 1714 年公债总额为	54 145 363 镑
在 1775 年公债总额为	128 583 635 镑
在 1793 年公债总额为	239 350 148 镑
在 1815 年公债总额为	1 050 000 000 镑
(拿破仑战争结束)	

我们常常听见有人说起过去时代的人是怎样无知和残忍，而且真正的宗教在近代是怎样传播开来了。一个徒有其表的而且是自封的教会政权，每一星期就宣布我们的精神的革命，已由国内和国外教士和传教师的壮大队伍，使之发生效力了，并且天天向人一再反复申说的，就是为得进行神圣的工作而应即献纳的号召。但是单就国债如此迅速增加这一桩事来说，就可证明这些妄自夸扬的教会把戏，简直就是欺骗；并且这一桩事，就像一种能使教士在

讲台上的说法失色的呼声一样，宣布一切的信条与教条虽然可以改变，使之适合时代的精神，但是真正的宗教，在现在这一世纪里边，正像在用烈火干柴去烧死人的教廷迫害时代一样，尚未有所知闻。这一笔债以及与此有关的大屠杀总是与现代的艺术，科学，和宗教稳步齐进未尝落后的；并且凡是天才所能创造出来的毁灭性工具已经被近代相信基督教的教会领袖和教会的拥护者，在他们，像古代君王一样，以杀人为消遣娱乐的时候，一一都用上了。全部历史所告诉我们的，只是同样的一个故事，就是王者的权术和教士的权术。既然有了这两种权术和现在的社会制度，所以真正的宗教就无法展开了。

已经减到 800 000 000 镑的公债，按全国的范围而论，据说是大约由社会各阶层中的 279 751 个人所担负的，并且这些人们每年就得到无须支出任何劳动的利息 28 000 000 镑。

近年以来，公债数字所以这样大大增加，并不是因为要从凶暴的侵略者的巨掌里解脱出来，俾得免受打击——也并不是因为要促进文化和消除粗俗——也不是因为要驾驭大自然的力量使之为人类的幸福服务——但是因为一个专制愚昧的不列颠政府的种种疯狂企图，要使人的思想不得前进，灵魂不得上升，以及自由的精神不得发扬光大。这个政府固然是邪恶极了，并且腐败极了，可是它是自发地从我们的现在社会制度——我们的利害冲突的阶级制度——里产生出来的。政府的种种暴行是由它的固有性质所产生出来的，就是从组成社会的人们的习惯，见解，和地位来的。并且这种令人憎恨的罪恶和这种放荡不羁的浪费金钱，一直都是而且一直还将由每一个这样组成的政府照样产生出来，就是从每一个只由一部分人组成而非由全体人民组成的政府产生出来，或从每一个只由有钱的人形成和组成的政府产生出来。

合众国的人民的政府，迄今尚未对全世界各国作了那样的罪恶——他们也尚没有公债，而且他们还自命为共和主义者——可是他的现状，却不能否定上面这句话的真实性。他们的地位和他们的缺人和缺钱的情形，一直到现在都是拯救了他们的因素。但是事实已经指示出来，接着事物的本质来说，他们绝不能成立一个真正的共和国；因为在现在的社会制度之下，他们绝不可能有平等的权利和平等的法律。这种制度的本身——不管在任何一定的时候所制定的政府形式是怎么样的——总有一种不可更改和不可避免的趋势，要使财富分配的不平等孳生孳长，并且接踵而来的就是其他种种形式的不平等。况且一切的共和政体，迟早都必与君主政体合流，否则就像全部人类历史所证实了的一样，就必演变为这一种或那一种的专制政体。这一力量庞大的害人原则——财富的不平等以及由此而生的阶级等别——几乎渗透到已经成立的每一个国家和每一种形式的政府了；并且，无论在共和政体或在君主政体之下，同样的迫害与苦痛毕竟要落到劳动人民身上的。合众国的政府，不管是怎样的称呼，亦像不列颠的政府一样，同是一个阶级的政府，就是有钱的人的政府；而且那个政府，对于国内尚未完全形成的贵族们，任其公开地妄作妄为，对于共和国里受奴役的二百万生灵，做尽了一切目无法纪违背公理和横行无道侵犯个人权利的罪行。甚至欧洲人的任何侵略战争，亦即头戴皇冠的暴君要骑在人头上的任何企图所表演出来的一切无理横暴的精彩节目，完全亦都在合众国对于美洲土人的侵夺和毁灭战争中看到了。

除了大量的金钱已经是从联合王国的人民那里榨取出来，并且是为得这样毁灭人类的生命和奴役其身心的可憎恶目的而浪费掉的之外，我们还要考虑到当这长长可怕的悲剧，一直在进行着的时候所溅的血，所流的泪，和所碎的心。这些就是君主暴政的账本上最为惨酷的项目。在前一世纪或两世纪的期间，就已有了24次的英法战争，12次的英格兰和苏格兰战争，8次的英国和西班牙的战争，和7次的英国与其他几个国家的战争——一共是51次战争！在最后的6次战争之中，不列颠所花的钱数，确如下表所示：——

1.1697年终止的战争花去21 500 000镑

2.1712年终止的战争花去43 000 000镑

3.1737年终止的战争花去46 000 000镑

4.1756年终止的战争花去111 000 000镑

5.1775年终止的美国战争花去139 000 000镑

6.1793—1815年的战争花去850 000 000镑

这些数目，无疑地是比实在所花掉的总数少得多，因为实在的战争费用是难以知道和估计的。除了这样牺牲掉的金钱以外，还有死于其中4次战争的人数，约计如下：——

1697年终止的战争 {100 000杀死人数
80 000饿死人数}

1756年终止的战争250 000杀死人数

1775年终止的战争200 000杀死人数

1793—1815年的战争2 000 000杀死人数！

但是这些战争，使其他各国，也像联合王国的人民一样，耗费了许多金钱。只就最后一个从1793年起，到1815年止的长长的战争来说，除了不列颠所担负的850 000 000镑以外，还耗费了：——

法国……………………………… 690 000 000镑
奥国……………………………… 220 000 000镑
其他欧洲国家 ………………… 1 012 000 000镑
美国 ……………………………… 27 000 000镑

总计共2 699 000 000镑——一切都是浪费——甚至比浪费更坏——都是由自命为基督徒们，为得抢劫和毁灭其他的基督徒们所干出来的！这些大数目的被杀死的人和这一大数额的损失了的金钱，仅仅包括实际参加战斗的人数和实际参加的几个政府所花掉的钱数。还有更多的无辜良民牺牲于不平等的恶魔势力之下的——父亲，母亲，和小孩子们，在这些国的人民中，死于与战争分不开的暴戾，苦难，和贫乏的——尚未计算在内。一个专制政权，在估计它的损失的时候，哪里能够将他们的被毁掉的家，他们的被劫掉的财，和他们所失掉的幸福，也计算在内呢！

虽然大多数的战争，罪恶，和损失，都可以归罪于不负责的和建立于"神权"学说上的君主政体的存在，可是我们在枚举我们所受的迫害而且寻求救治的方法时，切不可忘掉君主政体，乃是现在的社会制度所当然的和自发的结果；所以除非我们能够去掉致病之母和致病之因，亦即社会制度的本身，这一种政体是永不能改的，并且由它产生出来的人类灾难和迫害，简直是无法避免的。即使整个欧洲明天都起了革命，并且都建立了共和政体，同时也在这些国家的人民之中单是建立了政权的绝对平等，恐怕不到20年的

工夫，这种平等就将完全消灭了啊。社会的每一角落是彻头彻尾的沾染着猖獗于世的不平等和排斥异己的风气——无论在世态上，在教育上，和在等级上的不平等和排斥异己——并且这种不平等和排斥异己，很快就会产生投其所好的制度，并且破坏已经成立了的任何政治平等。关于不平等制度毕竟要破坏一切公正的政治制度的内在腐败性，历史就给我们以上万的罪证了。

资本家与经济学家们说，为得要维持我们的政府所需的大得惊人的赋税，乃是一律分摊在社会所有一切阶级身上的——分摊到富有的白相人身上，也分摊到勤劳的生产者身上——并且富有的资本家所付出的款，实在比劳动人民多得多。倘使我们只能看到各个阶级直接所付的税款——并未考虑到这些税款是从哪里来的，并且是那些人产生出来的——那就的确好像大部分的担负，是落在富人的肩上似的；但是劳动人民一定不可依照这种方法，来估计他的担负的。我们就只能考虑生产的首要条件——一切财富的创造者和一切赋税的维持者——“必须要有劳动”。这样我们就能立即看清这些资本家和业主们，不但没有付出最大的税额，而且事实上是没有付出任何一点东西！我们发现生产阶级并且只有生产阶级来担负全部税款。倘使一个人并未在生产上有这一点帮助，他就不能拿出什么属于他自己的东西，来交纳税款；所以这班别无所为而仅能充当资本家与财主的人们，虽然可以对收税人付出某些数目的税款，其实他们只不过在名义上付出了一些款。这样的款项，只不过是经过他们的手付出去的罢了；因为他们既不是生产者，这一笔款就不应属于他们的了。他们既然没有生产什么，而且也没有给了任何等价物作为代价，但却要说他们是交纳赋税的人，

这真是完完全全颠倒是非的说法，也是荒唐之极的谬见。

在现在的社会制度之下，资本家所处的地位刚刚是任何一种的赋税，不管是大的或小的，直接的或间接的，都是与他不相干的。他是处在赋税网以外的人，并且他之所以如此的理由，就是因为他是处在生产圈以外的人。只要他是继续维持着不生产者的地位，一切的财产税与所得税他就可以完全豁免。现在这种征税方式，只能使资本家将他从劳动人民那里，凭着不平等交换得来的财富，不得不吐出一部就是了。由于这样吐出来的一点东西和用这种方法所征得的税收，到底能够替劳动人民带来什么好处，恐怕只是表面文章罢了；因为资本家的实在地位，不管是土地的独占者，或是全国积累的唯一所有者，或是人民劳动的垄断者，都能使他凭着提高利润或减低工资的方法，收回他在纳税方面所受到的损失。无论是所得税或财产税，实际上都不会使资本家损失分文，也不会使劳动人民得到分文，二者都是依然故我，毫无一点改变。有钱的人们仍将保持着他们的财富，并且仍要骑在别人的头上，同时还像他们现在所作所为一样，在迫害劳动人民的基础上日益昌盛起来。我们对于如何对付资本家和如何铲除他的暴戾毒根的可能方法，从来就未找到而且永难找到，除非我们能够将普及劳动和平等交换的伟大原则都树立起来。这是唯一的烙铁，能使九头蛇的头永远不能再长出来！①

可见我们如找到资本家的财富根源，并且揭露他与劳动人民

① 按希腊神话，该蛇在斩去一头之后，如不立即在伤处用火烤烙，则每斩一头即生二头。——译者

之间的交易真相，大家就会清清楚楚看到联合王国的全部巨额税收——中央政府所花的5 000万镑以及为得各个地方政府所需而征收的许许多多的几百万镑的捐税——完全都压在生产阶级的身上！——压在以工人为基础和靠山的人们的身上！一向就是不列颠政府所特著的一切滥支滥用及其超过世界任何其他一国的荒淫无耻的浪费，都是从生产阶级的口袋里来的——都是通过他们的头脑，骨头，和筋肉来的。可是还有人告诉他们说，他们并未受人抢劫——赋税的负担也并未压在他们的身上！生产者曾经相信这一荒谬的欺骗是真的——他曾经对于他的阶级创造一切财富一事，完全是不知道——并且他曾是这样愚昧，以为资本家在表面上所出的税款真是他所付的。但是这一层愚昧的黑幕现在已经从劳动者面前拉开了——他已经发觉怎样会使有些人成为富翁和有些人成为贫民，有些人成为雇主和有些人成为雇佣者——他已发现不平等的交换，怎样使前者之所得就是后者之所失。他现在，在理性的阳光照耀之下，看到了一切的财富，都是从他那里来的——一切的赋税都是由他付的——一切压迫他，侮辱他，和轻视他的种种行状——懒惰，炫耀，和自尊自大——都是要建筑在他的牺牲的基础上面，然后才能保持其势力和效力！

所以对于说过他们自己没有劫夺生产阶级的人们，这里就有一个答复。这里也有5 000万镑的总数，就是劳动阶级的敌人们自己亲口承认，他们每年收进来维持他们所称的“政府”的。可是根据无可置疑的原则来说，实在没有分文的钱是从不事生产的资本家和业主那里来的。这里就约有一个大国的每年劳动总值的六分之一，完全为政府所独吞！在保护勤劳人民免受盗劫的借口之下，每年这一个政府就拿走5 000万镑！——在为得人民可以平安无事而且和睦相处的借口之下，他们之中就要有成千成万的人被杀！——在信教和道德的借口之下，每一自然的和正义的法则就都被蹂躏！

在联合王国的生产阶级之中，有着成千成万的人，仰望他们的救星在于政府形式的改革——他们固然可以羡慕合众国的经济制度，而且对于一个共和政体在望洋兴叹着。倘使我们没有另一个更好的目标在我们眼前，那么劳动阶级所忍受已久了的压迫和逐步增高的苦难，势必很快就引起革命，并且一个同样的共和国亦将在联合王国里边成立起来。不列颠政府在形式上的这样改变——从世袭的和不负责的皇朝改为选举的和代议形式的所谓共和政体——当然会使劳动阶级每年节省几百万镑。但是在他们的掌握之中的，还有一个比完成单纯的政府改革更伟大的目的；因为经验已经教训他们，在现有的社会制度之下，没有一种政府形式能够一直不变地对人民利益发生效力的。

现在并不是被统治者与统治者之间的问题了——已经不单是多少镑，多少先令，和多少便士的小事了。现在是人与人间的严重事情了——这是公理与强权，平等与不平等，上升与下降的问题了——这是劳动人民的生死问题！在联合王国的大众人民之中，势必发生一个运动——这一运动的结果，将要决定它在手段方面的成功和在目的方面的价值。在一国的人民已经下了决心之后，我们就可看到一个社会制度的破坏，就像一个政府的倾覆一样，并不是一件难事。生产阶级的人，既然看见了真的弊害和真的救治方法，一定不会半途中止，将从他们身上脱下的链条再套在自己身上，同时也不愿永远忍受他们的阶级，自人类文明开始以来，一直就忍受下来一切累积累增的虐待和迫害。倘使不是一个彻底的社会改革，这班劳累已极的人们的血泪，就将被黄金色的“资本”祭坛上飘来的焦火烈焰烤得一点不留了。这样可见资方将是毫不顾惜的——劳方的苦痛，那就无药可救了。

历代以来一切自命为聪明能干的人，总是一味反对他们的浅见所不能及的，或者超出他们自己和他们的阶级的小圈子以外的任何改革。这些人似乎都不知道这个世界以后还能发生任何变更而有所异于正是他们生存时候的那种情形的。对于他们来说，过去好像是一张白纸，所以将来也好像是一本不许开卷的禁书。对于这一班人，凡是离开他们的眼睛远到他们自己的鼻尖以外的，就都是“幻影”了——凡是他们自己不去做的，别人一定是做不成的。在现在的时候，这种心目糊涂的人，着实还是不少哩。现在这样的人——胆敢希望劳动人民的儿子绝不永受压迫和奴役的人——胆敢希望人们不会永受客观情况所迫而必须自相憎恶与残害的人——胆敢希望战争必须消灭而且人类要和睦共处的人——凡是胆敢这样的希望更光明和更好的日子就将降临的人，恐怕要算是幻想者中的最幻想者了！凡是爱、慈、德等字——倘使按着这些嘴巴又大和肋骨又狭的反革新的叫喊者的行为来解析——都是指那些不能感觉，实施和享受的东西，而且是虚无和莫名其妙的东西，只是为得启迪贫困和受压迫者时，才能搬上宣教师的讲台和对众演讲的台上去宣扬。

我们看到这些专门藐视善人和良工的坏蛋，既然是由现在的制度产生的，并且还要在制度腐败的温床上滋长的，从来就不知贫

困为何物——从来就没有规规矩矩和孜孜兀兀地从事财富的生产——但是好像开水锅上的沸泡一样，他们在社会的上层飞舞——他们在世上老是万事顺利——经常着眼在“利润”身上。这些人的唯一职业就是贱买贵卖——凭着不公正和不平等的交换来积聚财富——专靠工人劳动成果将他们养肥。这些假仁假义的人，只知高唱积德行善；但他们虽然亲眼看见整个的世界，是被罪恶与苦难所笼罩，并且任何道德戒律，都已置之度外无人奉行了，他们却是像自称正直的法利赛人一样，自己总不肯动一动手来完成他们嘴巴所常说的事情。相反地，他们常常从他们的嘴巴里喷出带着涎沫的胡说八道对抗一切革新人物和一切改革。世界必须听他们的吩咐才能向前移动，否则他们就咝咝作声，以至大声狂号，像受惊的鹅一样。

宗教和道德的戒令和教训，原来是指导世人的规则，但也不是尽然的。倘使原来的用意并不是如此的，而只不过是一些狂热的幻想家的骚动狂言，我们就可随时置之不理。但是倘使原来的用意是要我们去实行和遵守的，并且我们觉得现在的社会制度根本就不许我们这样去实行的了，那么我们就必须改革现在的制度，并且建立一种能使我们最充分地发挥这些原则的种种社会设施。让那些主张维持现在的社会制度的人指出理由罢，倘使他们是能够的话，为何人类不能比现在更和睦地共处——倘使我们能够建立一种制度，将以义务平等的实施来保证权利的平等，那么将来怎样会有同样的引诱，好像现在所有的一样，使人为非作歹并且想入非非。我们对于不愿听到社会改革的人，却是能够指出——历史就将对他们证明——人类的社会制度，一直就是与平等权利，慈善，道德，或真诚团结等美德都不能相容的。倘使这些美德是幸福所必需的，那么我们有理智的人类，为得要有人类幸福所必需的这些东西，就必须摒弃一切要破坏这些东西的制度和行动方式。

第六章
联合王国劳动阶级对社会的负担

我们对于财富的性质和财富生产所必需的种种条件作了一番考虑之后，我们就明白这个帝国的全部累积如山的赋税，都是压在生产阶级身上，其所以压在他们身上的原因，就是由于现在的不平等交换制度而来的。我们如果再作进一步的考虑，就将明白我们已经说过了的这一句话——税款的数目，说起来虽然也够大了，可是比起其他的种种银钱负担，由于现在的社会制度迫令生产阶级来担负的，不过是沧海一粟似的——真是一点不错。

我们现在对于通过那种可憎恶的不平等交换制度，亦即间接使劳动阶级替政府肩着一切担负的制度，一个钟头也不停地在将一切的财富，从劳动阶级手里间接地和几乎是无人见到地转移到资本家手里这一事实，必须要看清楚，并且将他们的损失记在账上。我们对于劳动的这一部分支出就没有正确的报告。这一笔账实在是太可惊可怕了，而且对于现存的每一民事制度都破坏得太厉害了，所以根据现在的社会制度而来的并且是与之有狼狈关系的任何一个政府，都不会算这一笔账的。虽然这一笔从劳动阶级那里剥夺来的巨款，是不可能很正确地估计出来，我们总还是可以作出接近事实的估计，从而对于加于他们身上的迫害的程度，也可以有了正确的认识；同时我们也会更清楚地看到，倘使不是从制度的全部改革着手，根本就不能希望从任何一种改革里边得到一劳永逸的救治。

作为估计的第一步来说，我们不妨假定大不列颠和爱尔兰联合王国的人口总数，大约是 25 000 000 人。他们都需要衣、食、住，不管这三样东西是怎样来的——他们总是永不间断地需要维持生命的物资，不管他们是劳动的或不劳动的，也不管在劳动者之中谁是生产得多的或生产得少的。其中有些人们或者每年要消费掉并浪费掉他们的几千镑，同时还有别人每年只靠几千分钱过着饥饿的日子。但是倘使我们将一切因素都考虑进去——富人和贫民的人数比较，食物和衣服的价格，以及子女人数等——我们因为缺乏统计资料，不妨作一相当可靠的估计，将 2 500 万人的全部维持费用，定为每人每年至少 15 镑的平均数。这样计算起来，联合王国全体人民每年的维持费用为 375 000 000 镑。当然我们并不是仅仅从事于生产生活资料的，因为我们的劳动还要创造许多不是消费的物品。我们每年所要增多的积累或资本，都是体现在房屋、船舶、器械、机器、道路，以及其他有助于提高生产的东西的增加数字之中，当然同时应当打上折旧的数额。这样看来，虽然我们的生活维持费用或者只是 37 500 万镑一年，但是联合王国人民每年所生产的财富总值，并不在 5 亿镑以下。有许多人各在各个时候也曾作了大致相同的估计；并且按着现在的统计情况来说，这个数目或者是与事实尚能相符的。

我们应该知道这个庞大数额的财富的生产，并不是 2 500 万

居民之中每一个人的劳动都包括在内。其中半数是女的;并且在所余的半数之中,有的是年老不能工作的,有的是年纪太轻的,有的是太懒的,有的是找不到工作的。这样我们不能将实在的生产者,估计到我们人口总数的四分之一以上,最多约在 600 万人左右——就是年龄在 14—50 岁的人。在现在的社会设施之下,在这个数目之中,难得会有 500 万人,能够算是从事生产的,因为成千成万的身体壮健的人,在大不列颠是被迫闲着的,同时应该是他们来做的工作,却由女人和小孩子来做。① 还有无数在爱尔兰的人找不到任何工作。这样不到 500 万人再加上几千女人和小孩子的帮助,不但要为得他们自己和他们的家属的消费而生产,并且还要照顾到一切自愿的和非自愿的闲人以及各种不能自食其力的劳动者,总共约 2 500 万人。

倘使没有这样庞大累积的各种机器都属于我们的话,我们的社会就不会像现在存在的这个样子了。当然也不会有这许多人是富有的,同时也没有这许多人是贫穷的;因为倘使只有现在这许多人而没有机器的帮助,他们就不能够养活他们自己,何况还要再加上现在的一切懒汉和不能自食其力的劳动者,亦像现在一样,都是要他们供养呢。我们现在用在帮助生产方面的各种农业机器和制造机器,有人曾经计算过它们所做的工作,约等于一亿名工作效率极高的人的劳动。就是这一个硕大助手,一直在帮助着我们,将我们在所受到的损失,不管是浪费掉的或者是因为我们从事于几乎没有间断的战争上所花掉的,一一都补偿好了。就是这一强大的

① 指工业革命时以女工和童工来替代壮年人的现象。——译者

力量，使不列颠的生产阶级创造了这样的一个财富数目，足可补偿永不止息地取之于他们的巨大漏卮。这就是善或恶的绝大工具——这种机器以及它在现在的制度下的应用，已经产生了千千万万的懒汉和专靠利润生活的恶棍，将劳动阶级的人，打入十八层地狱里边。

这样看来，机器本身就包藏着毒根和消毒剂；因为它虽然一直就是替现在的社会带来危机的一种手段，不是其他任何东西所能比得上的，但是它又同时开了一条道路，能使我们从这条路上避免一切所受的和所怕的祸害。现在社会的组织，一直都是在机器的基础上发展起来的，同时它也会被机器毁掉的。蒸汽机固然能创造财富，可是它并不能使用财富或支配财富。不管怎样的不平等情形和痛苦可以是由这一伟大的机器动力的作用而来的，但是机器力量的本身，并不是这些祸害的根本原因；并且就是毁掉机器的力量，也是不能去掉这一病根的。机器本身是好的——是不可缺少的。就是它的使用方法——就是机器是归个人所有，而非归国家所有的情形——却是很不好的。在机器一直专为某些人和某些阶级所占有的时候，它的利益将由某一些人来享受——对于社会里边那班不是它的所有者的人们，却将带来一种祸灾而不是一种幸福，因为他们终身要做他们的同伴的奴隶和鱼肉的命运就是由它所注定的。

无论在任何一种社会形态之下，一切的人都有一大目的，就是要以对他是小到无可再小的苦痛与劳动，来获得最大数量的享受；并且一切能帮助他达到这个目的的东西的本身，也一定是好的。但是在一切人类天才所能想出来对他们是有帮助的东西之中，其

最重要者,莫过于那几种设计,使火和水以及木和铁能够替人的骨头和筋肉担任工作。现在劳动人民的贫困,并不是因为他们的劳动是由机器所替代,而是因为机器所创造的财富,几乎是全部被广厦的厅堂里或厂坊的账房里的贪婪贵族所吞没了。

上面所计算的500万从事生产的人,就包括一切劳动得多的或劳动得少的人了——实在的分配者和实在的生产者同样都计算在内——亦即一切能予以社会同等的利益而换取其所得的利益的人。在这些人中,有的是只工作5小时一天的,而且还有其他的人,却要辛辛苦苦的搞到15小时一天。同时在商业萧条的时候,还有许多人因为失业的缘故而受损失的时间,若也考虑在内,那么我们的每年产品,就只能是由全国五分之一以下从事于财富的生产和分配的人每天平均10小时的工作而来的了。

这样看来,大约有100万身体健壮的人,是不从事于财富的生产或正规的分配工作的——其中包括地主、大资本家、军人等等。但是我们倘使假定一切富裕的不生产者及其家属和依赖者的总共人数为200万,并且他们的生活费用,姑且按工人的生活费用计算,每人每年平均为15镑,那么这一班人每年就要使劳动人民损失3 000万镑。但是事情是这样的,这一大队的不生产老是属于所谓"自立"派系的——他们浪费掉或消费掉劳动人民所生产的一大部分的舒适品和几乎是全部的奢侈品。所以,根据最适中的计算来看,他们的生活费用每年每人将在50镑左右。单是花在社会上这班饭桶(直译:雄蜂)身上的——无论是从实用方面来看,或当作花瓶来看,都是不生产的而且是没有一点价值的——每年就需要1亿镑了!

劳动阶级所负的重担，就是要照着这个样子并且要根据这个原则来估计的。这里我们一眼就可看到的，就是社会里边这班懒汉每年所要吞进的财富，竟超过了帝国政府全年赋税收入的一倍以上！每一个人的常识，就可以告诉他，在现在的社会设施之下，任何一种政府的改革——倘使劳动人民不取得政权——都是不能将这笔巨款节省下来的。这一笔款反正总是要从他们身上取出来的，不管是在一个节省的共和国里或者是在一个任意滥用的君主国里也都是一样的。

同工同酬的办法，乃是合乎理性和正义的基本原则。必须依照这一原则去做，然后才能革除现在的社会秩序，并且建立和享有一切权利的平等。但是在现在的设施之下，凡是报酬拿得最大的人，一定是劳动花得最小的人；并且在联合王国里边，这 500 万从事生产和分配的人所得的报酬，其不平不公的程度，都是无以复加了的。所以当估计他们在现在的制度下的损失时，劳动阶级的人们所必须考虑的——不但是每年为数达 6 000 万镑的中央与地方政府的全部开支——不但是每年为数达 10 000 万镑的开支，专供那班饭桶，懒汉，和不生产的劳动者去花费的——而且还有为数达一倍或一倍又加一倍的款项，将由各阶层的小业主，制造商，和商人们以利润和利息的形式取了去的。根据最折中的计算，这一部分的财富，由社会上这样大的一部分人所享有的，每年不在14 000万镑以下，约可超过同样人数的最高工资工人的总收入。这样可见他们的政府以及这些懒汉与靠利润生活的这两类人——约占全国人口的四分之一——每年就吸取去了 30 000 万镑，亦即每年所生产的全部财富的一半！这是一大弊害——这是劳动阶级所要革

除的祸害——这是吞没他们的暗敌。

上面所提到的各个钱数与人数，都不能视为一点也不错的，因为我们缺乏实际资料，只能根据一些从普通观察和经验而来的事实，作出可能的估计。整个地说，它们可以是较大一点或较小一点的；但是分开来说，它们间的相互关系大致是能与我们所分派的一样。它们不过是现在的不平等交换制度的成绩的示例，并且指破单纯的政府改革，对于减轻与社会制度不可分的负担，一定是完全没有效力的。所以我们可以很清楚地看到现在的社会设施，要使劳动阶级，在交给政府的赋税上以及在交给业主和资本家的地租和利润上，每年必须花掉庞大的总数30 000万镑，亦即这一帝国里边的每一工人平均每年须受50镑以上的损失！这样一来，大约就只留下平均每人每年约仅11镑的余数，可由国内其他四分之三的人民来分配了。从1815年的计算来看，联合王国全体人民的全年收入，为数约430 000 000镑，其中99 742 547镑是劳动人民的收入，其余的330 778 825镑都归收地租，收恤金，[①]和收利润的阶级所有了！国家的全部财产按照那时的计算约值300 000万镑。

在联合王国里边，几乎是没有一个人不知道国内有几百个人，每年在所谓地租或利润上获得1万镑至2万镑。这些数目的钱财，都是对于整个社会没有拿出任何等价物而来的，只是因为有些人所居住的房子和有些人所种植粮食的土地，据这班不生产者所说，都是属于他们的。从有关这种财产的情形的探讨上来说，我们

① Pension恤金或恩俸并不是给贫民的，是由国家赏赐给社会上有地位的人的，如文学家、政治家等。——译者

就已明白资本家和业主,并不可以凭着这种名义来占有它们——但是这些财产,的确是并且应该是属于整个国家的。可是对于生产阶级所加的一切迫害以及资本家和业主所拿去的金钱,我们差不多一直是一点也不去追问。但是他们也看到了现在这种欺骗制度是不能一直下去而不加追究的——劳动阶级所受的这样难受的重担,迟早必要激起他们去追问每年从他们身上拿走的巨额财富,到底是哪里去了——并且他们就将计拟如何改革。所以资本家和专靠地租和利润生活的人——老是替自己卸去贪婪的责任,并且老是在劳动阶级的牺牲的基础上过着富裕和懒惰的生活——都已设法以管理人的资格向劳动人民报账,欲使这班被劫夺的人们不至不惜一时麻烦来追问这个题目。为得要达到这个目的,他们告诉我们说,任何一个人是不可能每年消费掉一二万镑的;并且任何一个懒汉得到这一笔款以后,只有拿出极小的一部分供他自己和家属来作消费之用——至于剩余的款项,完全都用在推动劳动和促进生产的。所以这班富而且懒的资本家与业主,事实上是替社会带来极大的利益,因为他们是尽了分配人的义务!这样看来,这些替个人巨富和不平等情况粉饰辩护的人,是要使人相信社会在(资本的)实际运用上,由于这班富裕的懒汉们所造成的损失,只不过是与一般的人所消费掉的一样——并不是将每年所得的2万镑都花掉的。即使这种说法是对的,劳动阶级的损失,每年也要多到上面所述的1亿镑的;因为由于这些懒汉所促成的对劳动的浪费和没有利益的使用以及他们自己的维持开支,就要造成这一笔损失。每年收入2万镑的人,当然要有许多仆从,犬马,以及其他担负,其中没有一项——虽然项项都有工作——是能替整个社会带

来真真的服务:他们都不是从事于生产事业的,也不是在任何事情上替社会谋利益的;他们也没有拿出了有利的劳动来交换他们所得到的生活资料。所以他们的消费正是像他们的雇主的,亦即那些懒汉的消费一样,完全都是生产的社会的损失。

就是在劳动阶级之中,还有许多的人,仍旧怀抱着资本家们所教训他们的想法,以为这些“自立”的懒汉,乃是社会的一大救星。“看罢”,这些愚昧无知的人会喊起来,“某某爵士是怎样花掉他的钱哟!请看一看他所养的仆从和犬马是多么多哟,并且这是怎样的有利于贸易哟!倘使不是因为有他这样的人,我们这班穷苦的人就都要饿死了哟!”我们听见这样的呼号,就是从那些被轻视,被压迫的人们,亦即是原来被盗窃去金钱的人们,所喊出来的。那真是可痛又可怜的一桩事!这一班大傻瓜,坐观这一个不分皂白的大盗,将他们的钱——由他们的辛辛苦苦而来的钱!——拿去滥花滥用,却还不胜愉快欣羡似的!

现在我们都该明白劳动是财富的创造者了罢,或者我们再可以想一想资本家与地主每年所得的巨款,都是工人和佃户所付的,因为钱是直接从他们那里交出来的。但是佃户们并不是真正的交租者,因为他们要将全部的租钱都打到生产品里边去的。那么生产品的消费者似乎是真正的交租者了;但是从事贸易的消费者为得要使自己不受损失,也就会在他们所经营的货物上加上一层利润。这样看来,这一担负是老是不停地从上一层转嫁到下一层,一直等到所有的一切重量,完全都压在劳动阶级身上为止。倘使没有劳动那就没有生产——没有地租——而且任何业主与资本家所得的地租与利润,亦不过是代表这许多产品或这许多劳动罢了。

正像我们在上面所说过的一样，现在的不平等交换制度，不但是阶级的等级——社会的两个阶级：一个是交付地租的，一个是收租来享受的——所由起的根源，而且是它所借以维持的依据。当然在我们如此不平等地互相交换时，一定会有一个工人阶级和一个懒汉阶级，而且后者之所得就是前者之所失。从事物的本质来说，平等的权利和平等的法律就绝不可能在这种情形之下存在的；因为一切制度上的不平等和不公正的精神非但还仍存在，而且这种精神，在一切的事情上，还仍居统治地位。在现在的社会设施之下，一切东西都是从财富的生产者——劳动人民——一步一步的而且一个阶级又一个阶级地向上献纳，一直到了形成2万镑一年的数额，落到某某资本家或业主的手里为止——他只知拿进这一笔款，而却不拿出他的劳动来交换，也没有拿出任何一点东西来交换——但是完全都白送给他的，因社会习俗早已命定必须是这样的，所以实在是没有一点理由或公理可说的！

除了现在的社会制度以外，就没有其他一种制度能够产生而且永远保持着现在这种加于大部分的交换者——劳动阶级——身上的横行霸道了。他们是处处都受到劫夺，并且是为其他一切阶级所鱼肉。他们是像大地一样，成了一片牧场，让一切爬伏其上的动物，都可吃饱长肥。

除了制度的全部改革——亦即拉平劳动与交换——之外，就别无其他方法，能够改善现状，并保证人类能有真正的权利平等了。这些有关现在制度的效果的示例，亦可以解析现在的制度，应该起着怎样的作用。例如——任何业主和资本家所得到的地租或利息2万镑，乃是生产超过消费的剩余——这许多的利润，要是作为辛劳的报酬，当然要由辛劳者去享用。拿地主来说，还有较他自己更直接地从事于生产这2万镑地租的人们——虽然还有各色各样的工人都间接地帮助生产——第一就是每日工作10小时或12小时，每年可得20镑或30镑的由农户雇用的工人；其次就是每日工作6小时每年约得200镑的农户本人；并且还有不必做什么的地主每年就要拿2万镑。至于到底是多少人帮助生产这一笔款的问题，倒是没有关系的，而且也不是他们所能染指的。但是普及劳动和平等变换二大规律如果是有效的，那么这2万镑的地租或利润，就将而且也应该公平分配给参与生产的人们去享受了。倘使是这样平分的话，一份是分给工作12小时的人，其他一份是分给6小时的人，最后一份是留给完全无所事事的人，那么一切有关的人，就可以大大地减轻劳动了；同时20镑，200镑，和2万镑等钱数，倘使是平等的分配了——好像是在平等交换制度之下一样——那么劳动的人立即就可以根据他的劳动和他的用处，得到了他所应有的地位和种种应享的利益了。

农业方面的工人，由于现在的制度所受到的侵害，同时也是一切行业的工人所受到的。一切的劳动是这样的不平等。资本家和雇主阶级的所得永是劳动阶级之所失。

让每一等级和每一行业的工人，都花一点时间来仔细想想他们现在所处的地位以及他们可以而且应该处的地位罢。他们并不是没有力量立即将现在的腐败的和不公正的社会制度改变过来，并且在去除掉这种病源以后，各色各样现在所看到的恶果，也就不知不觉地会自行消失的。他们能够将过度的劳役，贫困，和不满情绪变成相对的休息，财富，和快乐。这个运动将不会有危险的——

将要得到的利益并不是昏乱的脑筋所瞎造出来的。生产者们只不过是要努力就好了——一切为得要拯救他们的努力必须是要他们担负起来的——这样他们的链条就将一劳永逸地被粉碎了。他们知道在机器的帮助之下，他们的劳动每年要产生50 000万镑的价值，并且他们也知道将近这一巨款的三分之二是由富有的懒汉以及半做事和专门做坏事的商人所吸取去了。为什么我们不组织这样的社会，使这一个生产总数增加一倍，而且工人的劳役同时减少一半呢？要达到这个目的，我们只需要两样东西——资本与劳动。讲到第一样东西，就是财富所赖以生产的一切资本积累——机器和器械——它们在我们之间几乎是到处皆有的了。只要我们在明年能同样用上劳动，自然就可生产同样的结果，好像以往的一年所完成的一样。现在机器和器械的积累可以靠着劳动一直不停地增加；并且在它们增加之后，非但我们的享受亦将增加而且我们的劳动亦将减轻。至于劳动，它是长在生产者的骨头和筋肉里边的。可见一切成功的要素，都是在我们眼前，并且就只须将生产阶级所有的力量，好好地结合和组织起来，使我们内心所希望的一切理想都能实现。劳动人民4 000年来在一切的宗教制度和政府形式之下所受的种种苦痛和迫害，恐怕已经会给他指教：单是政府的改变，绝不能给他带来那样的权利平等和享受平等，好像释去了缧绁的公理才能授予他的（那种平等）一样。这样的一些变革，总不能将生产者从他们现在的卑贱地位提升起来的，因为它们对于他们的地位与其他阶级的关系是没有什么影响的。他们仍将做别人的踏脚凳——仍旧是社会的糟粕——被人置之不理，而且到了他们已经是没有什么用处了的时候，就会任其腐蚀。工人阶级的命运

永远就是如此，倘使社会是分成雇主与雇佣者的——并且，因为地位的缘故，后者对于前者总是唯命是听的。

倘使我们要消除一切的暴虐，一切的贫困，和一切的迫害，那么只有走这一条道路，就是将我们所考虑的那些公正原则和平等原则，一一付诸实践。此外就没有其他原则，能够使一切家族和一切国家成为一个大家庭了；因为这些原则由于本质使然的缘故，就是要一下子打破一切使人一直不能团结的障碍——劳动的不平等——财富的不平等——权力的不平等。

我们现在已经看到一方面是政府的弊害，一方面是社会的弊害：我们也已在不同的天秤上面，放上君主政体在生产阶级身上所加的种种重担以及起源于现在社会制度——君主政体和贵族政体只不过是社会制度的分支——的种种重担。倘使进一步的考虑一下，我们就可以相信我们能够医治重大的疾病，正像医治一点小病那么容易；至于收获的大小，那就不可以同日而语了。

凡是彻底考查过病根的人，谁还能以牛马似的苍苍生灵的苦痛为意外的事呢？谁将觉得奇怪：为何他们要痛声疾呼诅咒每年从他们身上劫夺价值30 000万镑财富的制度——一种迫使他们替那些讥笑他们和看轻他们的人生产大量财富供其享受的制度呢？难道劳动人民必须是永远辛苦且流出血汗并且永远是被人劫夺，贬斥，和蹂躏么？难道为得要尽量满足虐待劳动人民者的污渎不洁的骄傲自大，就要使劳动人民的子女们的襁褓和青春时代，都在纱厂和工厂中的污烟蒸汽中丧失生机并且凋残下去么？——难道也要使他自己的壮年，因为过分劳役的缘故，而未老先衰么？难道他的申诉，就必须经常用络绎不绝的枪炮声音去答复么？难道他的气愤的心，就必须用刺刀去镇定么？难道他的几声呵叱，就必须要禁他在土牢里将他的口塞住么？倘使他是乐意如此的话，那么就让他重蹈以往覆辙，只知垂涎和梦想从立法者和政府那里得到救济——从那些靠着他的劳役和贬抑而发财高升，但却只认他是奴隶或贱人的阶级和等级的人（那里得到救济）。

倘使劳动人民乐意社会情况有所改变，他绝不可能仅仅在结果上再打算盘，而必须立即消灭他的苦难之所由起的原因。平等的权利和平等的法律，根本就不能同时与不平等的义务，不平等的财富，和不平等的交换一块儿存在。劳动阶级所必须谴责问罪的，并不是政府的形式，而是这种形式之所由起的社会制度——并不是他们所咒骂的压迫者和暗杀者，因为是这种制度使他们成为压迫者和暗杀者的——并不是他们因为贫困之故而对之大骂大闹的有钱的和贪婪的资本家，而是他们所要改变的那种使一个人有钱而另一个人贫困的制度。

这样地分别考查了我们对政府的负担和我们对社会的负担以后，我们就可以看到由于我们的政府形式变革所能节省下来的区区钱数，倘使与我们的社会制度的变革所能产生的效果相比，那真是微乎其微了。即使政府的费用可以大大减少，倘使劳动人民不能享有这种节省，那么不管政府的开支节省多少，试问对于劳动人民将有什么关系呢？根据无可置疑的原则来说，我们就可证明他在社会上的地位，使他不能由于赋税的减低而得到多少——倘使能有一点的话——救助。劳动阶级所生产的财富以及他们能够享有的部分，并不会因政府的改变而亦改变——它仍将取决于它的种种原因和阶级关系，而非政治力量所能使它的生产者来控制的。

让联合王国的人民慢慢地[①]，倘使他们能够如此的话，来决定这两种救治的方法罢——一种是社会的改革，另一种是政府的改革——一种是能够替劳动阶级每年节省30 000万镑的方法，并且能使他们每天工作6小时或8小时就可生产一切他们所需要的东西了；同时其他的一个方法，倘使是做到极端的话，亦就是要破坏君主政体而代之以共和制度，也是不能替他们节省区区2 000万镑一年的数目，并且仍将逼迫他们，在绝望和赤贫的情况之下，一直劳作下去，直到人类灭种之日为止。这是因为社会组织的本质使然的。社会制度的改变将带来一个美好远景，同时也带来目前的利益。它将影响这一代以后的一切人以及我们自身；而且我们将要从这一变革中所获得的利益，非但不会因此减少而且还要因此增加我们的子子孙孙们的享受。只有根据普及劳动和平等交换二大规律的制度，才能够以公正的道理对待一切的人，且能使社会真正成为"对于一切成员均予以永不间断的利益的国家"。

"有妻有子命运福"，[②]那么，命运那可不同样地对他赐福呢？过去和现在辛苦劳动，就应该常常替劳动人民及其家属带来未来的享受。但是现在的制度，并没有给疲劳过度的工人带来一点享受——并且也没有减轻他们所不应有的苦痛和贫困，却反每况愈下并且艰苦愈增。再看整个社会，现在对于不能继续工作的工人——在永不止息的工作中为别人耗尽了精力的工人——的妻子

① 原文用"hesitate"，直译为犹豫不决，但照文章的语气来说，似应用"not hesitate"，所以似应这样的译：让联合王国的人民不要犹豫不决。——译者

② 原文直译如下：一个有了妻子和小孩子的人，他已经对命运作出了保证。——译者

儿女，予以什么样的欢迎和栖身之所呢？一点也没有。他们在大地上到处流浪，或者成为穷得身无一文的乞丐，或者像罪犯一样，幽禁在乞丐的监狱里边。母亲和子女分开了，并且子女也都离散了——紧紧地系着青年的心的情丝竟被永远撕断——并且他们既没有家，也没有朋友，只是在大地之上，过着到处流浪的日子，既为人所轻视，又为人所奴役，因为他们是愚昧；并且还受人欺侮和虐待，因为他们是贫困。我们要觉得惊奇的，就是这些不好的情况，居然还要产生出这种结果——女的命运只是痛苦和卖笑，男的命运只是流放或绞架！就是苛刻的资本家允许疲劳的工人及其无人照顾的孩子们所仍享受的一点可怜的施舍，也就将因所谓“贫民律令”的缘故就撤销了。用这些可怜的施舍来作公理的代替，原来就没有效力，而且几乎是毫无用处，何况以后将存在的就只是一个名义罢了；因为那些吸尽了劳动阶级的生命的血而且还正在试验人类对于压迫的容忍，究竟能够达到什么程度的人们，已经认为“贫民律令”是一个很大的并且是日益增长的祸害，一定要想法去除掉才好。

无论在哪一方面并且无论在哪一观点上请看一看现在的社会制度罢，我们就只能看到一个恶形恶状和心术败坏的坚强集团。倘使暴政是以某一些人的发财和另一些人的流血为乐事的，那么这岂不是恰恰助长暴政的制度么！倘使宗教是不但要使人心被奴化和被愚弄，而且还要使人麻木不仁，成为专制制度的工具的话，那么这岂不是恰恰助长宗教的制度么！倘使犯罪作恶以及浪费劳动就是人类在社会里边结合起来的目的，那么这是适当的社会制度么！

世界一切国家里边的一切的人们必须宣布，凡是暴政和巫术，盗劫和愚昧，善恶不分的大屠杀和心术败坏等等，是否还可以任其横行无阻地压倒真理和正义。将来这一个问题，并不是由专制政体以及与它有狼狈关系的制度所能解决的。劳动人民因为现在的制度而受到30 000万镑一年的损失，虽然数目很大，但不过是他们全部损失中的最小一部，因为他们同时还被劫夺了唯一能转移生活——像牲畜或像人类——的那些高级的享受。

这样看来，倘使我们以为改变政府和建立政治平等就可视作手段或目的了——或者是作为获得我们所寻求的东西的一个步骤，或者它本身就是实在的好东西——理性和经验却对我们指出，一切这种变革，不管是作为手段或作为目的来看，都是毫无价值的。理性告诉我们，倘使只在结果上医治，而不求其原因，那是徒劳无益的事。经验指出了合众国的共和政体——就政治方面来说，它是我们一直所仰慕的，亦是我们所望尘莫及的——可是我们却在那里看到专横的恶霸和用锁链锁起来的奴隶——有钱的大王和饿死的乞丐——破产的资本家和失业的工人。老实地说，我们在这里所熟悉的一切弊害和一切苦痛以及一切罪恶，在那里也都能看到。可见政治平等作为目的一事，在那里就是一个失败了——一个冷酷无欢的黑影，并且是像微弱无光北方的流星样的，对于冻冷的旅客是不能有所补益的。作为一个手段，它在那里亦是一个可以看得出来的失败并且可以肯定得像 2 加 3 不是 6 那样正确；因为合众国的劳动阶级的政治力量自身就软弱乏力，不能将他们从他们与我们所同受的社会迫害中拯救出来，正像一把木头锉刀不能从他们的依西欧匹亚同伴奴隶身上锉断他们的铁链一样[①]。一切国家的劳动阶级都受到共同的迫害，而且他们必须有一种共同的救药。那种救药并不只是夺取那种政治权力，好像现在的政治权力一样——那种救药并不是道德，好像现在的道德一样——那种救药并不是宗教，好像现在的宗教一样——但是那种救药只能从基本原则的树立而跟着来的。

① 指从非洲依西欧匹亚贩卖到美国的“黑奴”说的。——译者

第七章
现在所坚持的各种救治方案的无效

前几章所讨论的，几乎全是关于联合王国生产阶级所受的种种迫害及其原因何在，但是对于具体救治方法尚未加以研究，甚至还没有指出，只不过一般地提出将基本原则建立起来。我们已经考虑过这些原则，并且也已从这些原则得到这一教训：一切人的权利是平等的——一切的人都应该劳动——土地是一切居民的共同财产。我们也已考察了人类社会的建立，其真正目的就是要调和(中和)人类由于天赋的体力或智力的一点无足轻重的差别，并且要使一切由于善于合理利用各种人力而来的利益得以人人均沾。我们也已谈到政治经济学家们所奠定的三大条件——"必须要有劳动——必须要有积累——必须要有交换"。这些条件的成立必须先行承认人类是平等的，并且它们不过指出，在一种社会形态之下，如果将基本原则付诸实践以及如何维持权利的平等。倘使我们对于这个问题加以一番考虑，我们就知道人类自有生以来所受的一切迫害和祸灾，都是因为这些条件被某些人或阶级所破坏了的缘故。我们已经知道若是没有劳动，那就不能有资本或积累——若是没有积累，也就没有交换。从这种关系来看，当然在过去没有去劳动和在将来也不准备去劳动的人，就不能成为交换者了，因为他就没有什么可以交换，盖自劳动或劳动的产品以外，就没有什么是可以交换的了。要使这一交换原则为建立社会的目的和增进人类的幸福服务，交换必须常常是平等的，否则一个人的所得，将是另一个人的所失。我们对于交换的题目，作了一番考虑之后，就已知道使社会情况不平等的，使阶级分成高下等次的，并且将社会分成富和贫的，并不是政治权力的不平等，而是交换的不平等；并且只要在我们之间存在着不平等的交换，那就一定有赋闲者和劳动者——一定有富和贫——因为后者之贫乃是前者之富的后果。我们也知道不平等的情形以及社会分成资本家与生产者或雇主与雇佣者的情形，逼使生产阶级对于资本家们只好俯首待命；并且我们知道，这种关系一定要使劳动阶级，不管他们的智力或道德是怎样的，终身只能过着为别的阶级所使唤的绝望的奴隶生活，同时又使他们只能在永远的贫困或贫困的恐惧中过日；并且我们因此就知道，无论所建立起来的政府形式是怎么样的，无论人民所能有的单纯政治权力是怎么样的，这一不平等条件，就它的本质而论，就能够破坏一切权利和法律的平等。我们对于这一结论的真实性已经是搞得很清楚了，因为我们对于劳动阶级的情形，无论是在古代或近代，无论是在共和或君主政体之下，已经是有过一番探讨了；就像我们所看到联合王国的劳动阶级，他们现在所受到的迫害，也和他们的弟兄们在共和的美国所受到的迫害一样，并且他们全部的人，从他们有了历史以来，一直就忍受到现在了。我们久已就看到了，同时也感觉到了，联合王国的劳动阶级所受的祸害，并不是无根无据的，可是他们的敌人就不愿他们相信这一句话；但是

这些迫害是实实在在有凭有据的，正像每年大约 30 000 万镑的钱数能证明这些祸害是实在的一样，——并且这一桩事，亦是与那些由于他们的政府的特殊形式而来的种种祸害是不相干的，并且是自己独立存在的。

各种的事实和各方的考虑，就清清楚楚地证明，此后我们要决定的问题，当然就必须如此：还是我们要改革制度呢，还是不要什么改革呢？——联合王国的劳动阶级，还是要努力争取一种社会改革呢，还是只要争取一种毫无所用的政府呢？——他们还是老在结果上摸索呢，还是一下子就打中原因呢？——还是他们要完全破坏现在的制度，并且立即去掉一切的不平等和不公正以及这种制度所产生的不良的政府呢，还是他们要用连续不止的政府改革，却是仅能改变政府的外观和更换这一绝大祸害的形式，而对于祸害的实质却仍原封不动地听其存在，甚至对于这种祸害的实质所能产生的各种苦痛和罪恶，亦不去减轻其严重性呢？不平等的条件乃是一切社会病症与政府罪恶的产生者；并且只有交换的平等，才能将不平等的条件消除，才能将权利的平等带给一切的人，同时还替他们将它保存起来。

这一个问题，就这样地剥掉一切被一种诡计和助长这种诡计的愚昧无知所笼罩着的各种迷人的外衣，而暴露出来了。我们就在这里看清了是非问题的全部和各部；并且我们好像能够置身局外，不至落入无尽的苦海，只是忙于头痛医头脚痛医脚似的小病小治，以致旧病未愈而新病又起。我们能够从每一个角度来观察，并且因为知道了错误的原因何在，就不会再被那些（自命为）百发百中的人及其百发百中的方略引入歧途，以致大大失望，因为我们已经知道在许多世纪以来，他们曾用甜言蜜语替人类带来希望，但一经实施，就成昙花泡影。

联合王国的劳动阶级，已经身受各种迫害与重担正像我们所讨论的一样；并且为得要改善这种状况，已经有了许许多多的救治方案提出过了并且也实施过了。但是一切的结果，或者是完全失败，或者是只能局部地和暂时地有了一点成功。联合王国的人民已经尝试过种种社会的救治和种种政治的救治了——地方的种种救治和中央的种种救治：他们曾加入了各种互助会，各种行业的工会，和各种政治会社——他们曾在他们自己之间组织了各种社团，其成员人数与财产是相当可观的；但是一个一个的计划，或者已被放弃，或者又重新换上在前一代所抛弃了的计划。

论到这些救治方法，它们都是犯了一个毛病——都是盲目地和不假思索地企图要去掉结果，同时对于原因却又任其存在，好像是神圣不可侵犯似的。这好比是一条大船里有了一个漏隙；并且一切的补救方法都不是根本的办法，都是只顾将流入的水弄出去，却没有将漏进水来的孔隙塞住。世上也真有头脑那样简单的人，他们对于事物的关系和性质，知道得这样肤浅，甚至只是高谈结果何在——不谈漏隙要不要塞住，只谈如何倒水出去，还是每次在一定时间内倒出一桶水好呢，还是在同一时间内倒出两个半桶的水好呢。

各种政治社团为得劳动阶级的利益，已经常常组织起来为他们争取政府的改革，可是并没有做到什么可以替大众人民消除贫困或增加享受，使他们的情况得到改善。只为得单纯政治变革的主要辩护人，其中大多数是抱着有关人的天性及其需要和能力的狭隘片面的见解。他们所看到的世界只不过是如此——只包含一个被压迫的劳动阶级和一个压迫别人的统治阶级。他们似乎是不会想到人类社会之所以组成,并不像他们所能看到的一样;所以他们的一切救治方法,只不过是照顾到劳动阶级情况的局部改善,但是劳动阶级还只能作为一个劳动阶级而论——一个自认他们的命运是由无可更改的必然之理所注定了,只能做别的阶级的仆人或奴隶的阶级。因此,以往所寻求的和找到了的一切政治改革,必然是不能消除劳动阶级所痛声疾呼的所受的压迫与贬抑,因为这种改革并没有找到这一劳动阶级之所以产生的原因以及要使这一阶级受压迫和受贬抑的原因。

倘使先前的政治家们,在他们为以富翁资格的富翁和以贫民资格的贫民立法的时候,能够考虑到怎样有些人会成为富翁而有些人却成为贫民,怎样一个阶级是一代一代的苦干下去而不能多有一点财富,而别的阶级一代一代的只知吃,喝和作乐而不减少一点财富,那么今天的人民,恐怕是能生活得还要好得多了。劳动人民所受的真正祸害,亦即他们所欲解脱的祸害,就是他们的永不止息的劳役以及他们的贫困和为得获取财富而加于他们身上的压迫;因为这种弊害是整体的,亦即不能分开的,政府部分的弊害不但是由社会部分的弊害而来的并且也是由它决定的。我们已经明明白白地指出这种劳役和贫困与政府的形式是不相干的——这是因为劳动的不平等和交换的不平等的缘故——所以不是任何政府的改革就能去掉病根的。

劳动阶级的人们所犯的错误,就是没有好好地检查他们所受的种种迫害,同时也没有计划和采取正确的救治方针,而却将他们自己的任务，过于信任地交托给别人保卫和指导；可是那一些人，由于他们的社会地位以及与他们的地位分不开的特种成见，一定是勇气不足的战士和盲目的向导。这些人们常常会教训工人向政治改革和政府改善方面寻求救治方法；但是在这些导师之中，大半都不是属于劳动阶级的人，所以他们既不知道劳动人民所受到的苦痛，也不知道他们的感想是怎么样的，当然他们也很难知道到底应该要点什么样的救治。即使这些人民的领袖，已经确知真正的迫害和真正的救药了——倘使他们已经看清一切贫民的穷困和劳苦乃是一切富人的财富和懒惰的必然结果——但是他们的社会地位，既然是与富人分不开的而且他们也是靠地租与利润生活的，恐将使他们与劳动人民的利益和愿望发生冲突。一个阶级的至尊至上的特权之所以能够存在，必然就是别的阶级的向下贬抑——一班搞政治的人们从来就没有想要破坏这种至尊至上的特权——所以这样的人和他们的办法是同出一辙的，既然都不能寻到迫害所在，而且也不能指出对症良方。

在劳动阶级之中，也有许许多多的人是早已就看到这一点了：只是用政治方略来改正社会上一切冤屈的事情是不够的——他们也有一种隐隐约约的观念，以为资本家的利益就是生产者的损失——所以他们就想在各种行业中建立各种的同业社团和各种行业的工会而得到补救。一切工会的组成虽然与政治社团的性质是不同的并且手段也是不同的，但其最终目的却是相同的，就是要局部改善劳动阶级的情形，但是只能作为劳动阶级而论。工会所要求的，乃是立即地并且直接地完成他们所盼望的目的，亦即用一种方法迫使资本家和雇主，以增高工资的形式，退还他们每年从劳动阶级那里所吸取去的巨额财富中的一部;同时政治社团所要求的,乃是逐渐地和间接地取得利益,亦即用减低赋税或其他的手段来达到目的。事实上工会所努力进行的,也好像就是要依照交换平等的原则去做,使劳动人民得到他们的劳动的全部价值。

大部分劳动阶级的人,都相信晚近的工会,在拯救他们脱离资本家的统治的事业上,好像是有无所不能的力量似的,其所以这样想的缘故,就是因为生产者们从没有利用过更有力的机器。因为有许多行业都联合在一块儿,并且互相帮助,每当一个行业对于(资方的)横暴压制作了一个打击的时候,这一打击是和全部累积的金钱力量一同打下去的。但是不管是胜是败,工人是要受到同样的损失和困难的——凡是他的一切努力要想永久改善他的情况的,都是要失败的——并且这个庞大联盟最后是打破了[①],并且是分成原始的同业会社。它们常常对资方继续着散漫无定和力量不能对比的斗争——有时是局部胜利,但是失败和毁灭的时候比较来得多些。资本家与雇主毕竟总是势力胜过它们。一切工会在劳动阶级的敌人之中,已经成为警惕和轻视的口头禅了——一个有关劳方对资方的软弱无能的证据——一种不能毁灭的纪念品,标志着现在的制度,在现在的二大社会组成阶级里边所起的恶劣作用。

一切工会的解散和毁灭,是有种种理由可作解析的。大众会员的极端贫困就是许许多多旧案的一个理由。在有些案件上,因

① 在1871的工会法令(Trade Union Act)公布以后,工会才算是合法的组织,所以在作者写此书时,英国工会常被解散。

为领导的人盗窃会款和出卖会员的缘故，自然要引起怀疑和不信任。许多横暴无理的事情双方都曾做过，致使个别工人和资本家身受其祸，并且各方都是徒然无益地浪费了许多宝贵的财富。但是不管较为直接的和较为明显的失败原因是什么，我们却能从所有弊害的性质上认定这种对于工会的救治方法，就不可能比搞政治的人的救治方法更为有效。他们都是走得欠远一步。同样的原始理由就阻挠了他们的一切努力并挫折了他们的勃勃生气。一切应该救治的祸害都是从社会的制度和不平等的交换原则那里产生出来的并且是赖以存在的；所以既非政治社团亦非各种行业的工会，能够摸索到制度和原则的要点的，当然它们（政治社团和工会）也不可能会摸索到与它们（制度和原则）分不开的弊害了。

因为对于政治社团和工会所获得的结果都是不很满意，所以在劳动阶级之中就有一部分的人，能够洋洋自得地想通过限制工作时间的政府法令的媒介而企图获得补救。对于这种限制劳动时数的计划已经有过很多的探讨了，有的是赞成的，也有是反对的；但是这类计划的任何一种，如果付诸实践，也将等于白费力气，并且对于劳动阶级的情况的长期改善也是像单纯的政府改革一样不能发生效力。任何这样的救治方法，对于主人和仆从的相对地位所能做得到的改变，将是微乎其微，好像政治社团和工会的救治方法一样——任何这样的救治方法并不能减少富人或贫民的人数——所以就不可能靠这样的救治方法来救治这种相对地位和这种阶级划分所硬加于工人的一切祸害。

我们已经看到资本家——雇主——凭着他在社会上的地位，成为劳动阶级的劳动（即劳动力）的购买者和统治者了，当然他就有权力从他们那里吞吸他们所生产的财富的绝大部分，不管他们是情愿也罢或不情愿也罢。在现在的社会摆布之下，劳方对于资方只能是唯命是听的。所以，倘使每天工作12小时或16小时的工人，每星期只能得到12先令或16先令，作为他们在他们所产生财富中能够分配到的数额，那么倘使他们的工作钟点减少，当然他们所分配到的产品数额也要相应减少。但是全数的无所事事和毫无用处的资本家们与业主们，现在都是由劳动阶级维持的，却将过分的劳役硬压在他们身上，并且将他们中这许许多多的人所得的工资，减到可怜之极的一点施舍似的。所以真正的救治方法，亦即唯一的救治方法，必须是要减少资本家和业主的人数，使劳动阶级可以享受到较多的财富。倘使现在的社会摆布——我们所非难的不平等交换制度——能使全国五分之一的人攫取全部生产的半数，那么自然不是减少生产或减少劳动时间所能增加劳动阶级的股份的。劳动阶级无论在哪一种情形之下，所能得到和享受的一份财富，完全是由他们被迫去维持的赋闲者的人数所决定的。所以劳动阶级所生产的财富愈少，他们的股份亦将减少。这样看来，他们如果减少工作时间，他们就将生产较少的财富——必然就减少了他们与资本家们所要分的财富。减少劳动时间的结果就将如此——并不是劳动阶级将得到较大的股份，而是他们和资本家所得到的都要减少。这一原则，一般地适用于作为一个阶级而论的劳动阶级。但是决定必须工作的时间以及决定在各个个别行业中必须支付的价格的情况，是由供求关系的原因产生的——这些原因，在现在的制度之下，并不是立法的措施所能有力地促成的。

劳动阶级在检查他们所受的迫害并设法补救的时候，绝不可忘掉他们的斗争，并不是反对什么人而是反对制度——他们并不是对资本家个人斗争，也不是与资本的本身斗争，而是与现在使用资本的方式斗争——与使那些不负责的人有了权力将大众的劳动置于大量的资本之间任其折磨的制度斗争。对于这种情况，除了改变制度之外，别无其他补救办法了。倘使没有这样的一种改革，拯救劳动人民的事业一定是一桩绝望的事情！

我们不必浪费光阴去重述那些用意在于医治，或者至少也可解析，社会现状的各种计划的全部。资本家与政治经济学家们，已经是不辞其劳地尽了解析的义务了。他们的供求谬论就是他们所提出来的许许多多不可思议的和自相矛盾的理论之一，目的在于解析，为什么工作要多与工资要少的事情能够一块儿存在——为什么有些人穷而有些人富——为什么有些人要担负一切工作而另一些人可以取得几乎全部的利益。经济学家们是最有条不紊地将资本与资本家放在一边，将劳动与劳动阶级又放在其他一边。在工人人数多于资本家所能雇用的时候，他就告诉他们说市场上的“劳动积滞过多”。因此工作是不易找的；并且倘使是找到了，那么工作是必须照样的做，工钱却要比以前少了。在现在的社会设施之下，几乎在每一行业和每一职业里边，常常会有所谓“劳动积滞过多”的现象——常常总有或多或少的半失业者或全失业者，只能在饥饿线的边缘上苟延残喘。经济学家们告诉我们说，[①]这种情况与政府的形式非但是不相干的，而且也没有任何连带关系；但是

① 指英国古典派经济学家所说工人的就业和工资的高低是由资本的多少决定的。这就是所谓工资基金学说，马尔萨斯和穆勒（Mill）父子是其代表。这里是指马尔萨斯。——译者

这是必然的也是不可避免的，并且是只能依照他们所指出的道路进行，才能避免得了。他们说：只有一定数量的资本或货币在一国之内可供生产之用；这一笔款既然是这样有限的，就只能雇用某一数目的工人，每人每星期20先令；倘使雇用的人数加倍，每人就只能有10先令了；倘使人数又再加倍，每人就只5先令了；所以这是必然之理，倘使劳动人数愈多，他们就将每况愈下；所以对于劳资的不平衡的唯一补救办法，就是要使一些劳动者"从市场里滚出去"——方可减少人数——移居异域，否则就让他们病死饿死一直等到他们的人数不再超过资本所容许的限度，最好是比所需要的人数更少一点。一定要走到这一步，经济学家们才认为劳动与资本方可维持它们之间的自然均衡，并且资本家与资本家之间的竞争会将那些仍旧活着的工人的工资提高到相当水平；因为照他们所说，工人们寻找工作的竞争，会将劳动的价值压低，所以在工人的人数多于资本家有钱去雇用他们时，结果就使人力无法控制，无论是通过工会，临时法案，[①]或任何样子的政府改革，一一都不能永久改善劳动阶级的情况。

只要我们稍加研究，我们就会觉得经济学家们的解析，倒是一种对于艰苦现状从及这许多劳动人民，由于被迫的无所事事，以至流落街头没有工作的情况的极有理性的叙述；但是这种解析并没有说明现在阶级高下的等次所形成的原因，同时这种解析，倘使完完全全照它实行起来，也不能将劳动阶级从那一个现在就将他们打入十八层地狱里去的重担上解放出来。这一种救治方法只能发

① 原文为 short-time bills 尚可作短期票据解。——译者

现他们是奴隶，而且亦只能让他们仍旧是奴隶罢了。当然每一个人都能看得很清楚，倘使有一批工作要做，譬如是挖掘一条运河，并且也有了一笔指定了的款项只供开支之用，同时也备齐了一批铁铲正好与工人的人数相等，那么这一桩事情，将因各部门互相配合如此精确，一定是进行得非常顺利的。当然这也是很明显的，倘使工人的数目是比铁铲和工资款项多出一倍，结果就是一半的工人就一定是无所事事了，否则就是每人只做半工而且工资也要减半。这一原则，无论在这一行业或那一行业，总是会发生作用的。即使这些最不愿自己闲着的人，其失业的真正理由就是缺乏货币，难道除了听其饿死或流放异域之外，就别无其他补救的办法了么？这样岂不是又合理又可实行的么——现在既然这里有这许多工人，我们又何尝不可以将铁铲增加到工人所需的数目，而不让工人的数目去向铁铲的数目看齐？倘使经济学家们不能回答这一问题，那么我们必须替他们回答。

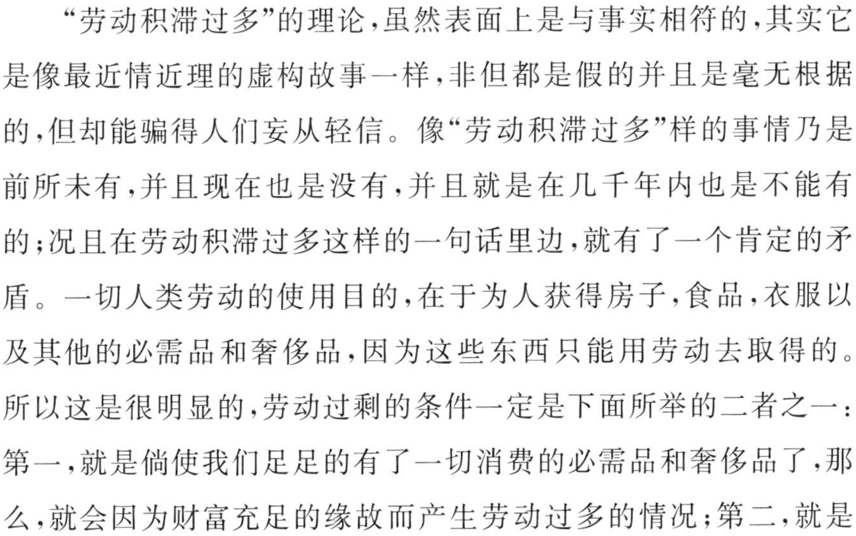

“劳动积滞过多”的理论，虽然表面上是与事实相符的，其实它是像最近情近理的虚构故事一样，非但都是假的并且是毫无根据的，但却能骗得人们妄从轻信。像“劳动积滞过多”样的事情乃是前所未有，并且现在也是没有，并且就是在几千年内也是不能有的；况且在劳动积滞过多这样的一句话里边，就有了一个肯定的矛盾。一切人类劳动的使用目的，在于为人获得房子，食品，衣服以及其他的必需品和奢侈品，因为这些东西只能用劳动去取得的。所以这是很明显的，劳动过剩的条件一定是下面所举的二者之一：第一，就是倘使我们足足的有了一切消费的必需品和奢侈品了，那么，就会因为财富充足的缘故而产生劳动过多的情况；第二，就是因为在缺乏必需品和奢侈品并且其所由以构成的原料的数量又不足以雇用我们的全部劳动。可见这样的劳动过剩,乃是由于没有什么东西可让我们去做而发生的。

联合王国里的每一个人,是否已经绰绰有余地都有了劳动所产生出来的各种必需品和奢侈品了呢,那是无须去问的。倘使人人都有余裕并且还可节省一些,那么真是劳动积滞太多了;并且劳动阶级就可以坐下来享受享受,直到这样丰富的财物之中有些东西是已经消费掉就好了。倘使每一个人所能有的这些好东西还是不够,而可供人工作的原料却是很多,那么就不能是真正的劳动过剩了。人类对于某些东西的欲望,是存在于我们的心中的——这些东西的原料是存在于我们的四周的——搞好原料所必需的劳动是掌握在我们自己手中的;并且在劳动阶级的需要尚未满足或者大地里边的宝藏尚未用尽的时候,倘使就告诉他们说,"劳动积滞过多",那就明明是骗人的话了;因为许许多多背脊冻伤和肚皮饿坏的不幸者,都是一再告人说,他们是需要劳动所能产生的任何一种东西。现在的制度必须改变,方可使他们的劳动能够活动起来,并且永不止息地一直活动下去;并且在那时候之后,也只能在那时候之后,我们才能消除这一个三合一的矛盾——劳动者太多,原料太多和可以享受的产品太少!

这种极其明显的矛盾,亦是一种罕见的畸形怪状,就是愚夫愚妇也能一见而知的:倘使我们是像经济学家们一样,在很多的土地尚未去利用的时候,就硬说农工过多以致许许多多的工人连面包都吃不到,或者换一句话来说,就是我们有这样多的工人和匠师,可是我们的社会为何不生产大众所缺的衣服,房屋,和其他必需品

呢。倘使不是数也数不清的事实一件一件地放在每一个人的眼前，我们甚至很难相信这种情况有存在的可能。现在就有各种不同的生产者阶级被迫无所事事和陷入穷困，同时人人所缺乏的恰好就是他的失业邻居所能生产的东西！许多知道怎样种植五谷的人，必须坐以待毙，因为土地是资本家的。许多能够织布的人，必须是赤身露体，因为棉毛，工厂，和机器是资本家的。一切这些矛盾——一切的缺乏工作与贫困——都是因为那一种制度，将一切的资本积累都放在某一些人和某一些阶级的手里的缘故——因为那一种制度使一个阶级所需的劳动资料，而且也必然是所需的生活和幸福的资料，都要仰赖另一阶级的人的缘故。无论是在共和政体或君主政体之下，劳动阶级一直就是如此；并且在现在的不平等交换制度之下，不管劳动人民是文盲或受过教育的，是没有道德的或笃信宗教的，是克己的或放荡的，他们的前途就老是如此罢了。

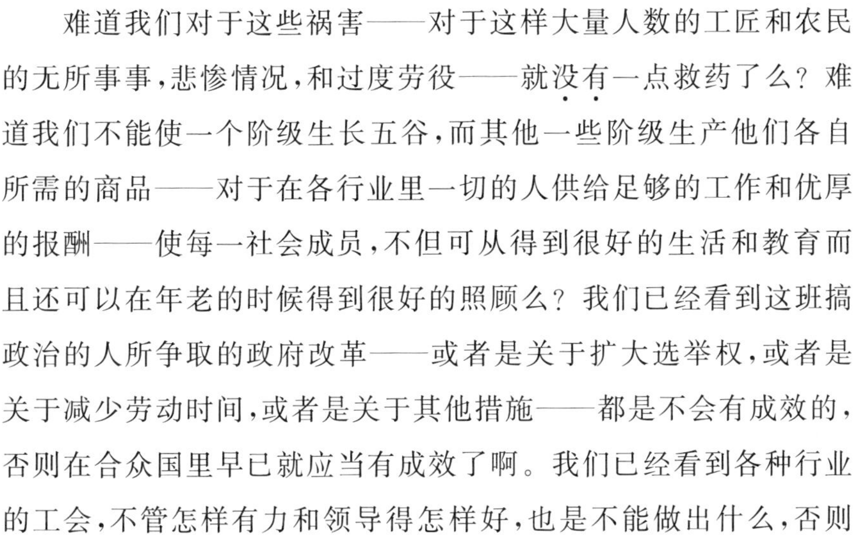

难道我们对于这些祸害——对于这样大量人数的工匠和农民的无所事事，悲惨情况，和过度劳役——就**没有**一点救药了么？难道我们不能使一个阶级生长五谷，而其他一些阶级生产他们各自所需的商品——对于在各行业里一切的人供给足够的工作和优厚的报酬——使每一社会成员，不但可从得到很好的生活和教育而且还可以在年老的时候得到很好的照顾么？我们已经看到这班搞政治的人所争取的政府改革——或者是关于扩大选举权，或者是关于减少劳动时间，或者是关于其他措施——都是不会有成效的，否则在合众国里早已就应当有成效了啊。我们已经看到各种行业的工会，不管怎样有力和领导得怎样好，也是不能做出什么，否则它们早就前进而且胜利了。我们已经看到政治经济学家们所提出来的救治方法是不能有任何效果的，因为他们所采取的手段，不但是不合实际，并且即使尽量照行，也是完全无济于事而不能达到所想望的目标的。这班政治经济学家们正像这班搞政治的人们一样，以为资本家就不过是资本家，工人就不过是工人罢了。他们的一切救治方法只有略略涉及现在的不平等和不公正的制度——那一个制度，凭着不平等的交换，盗劫每一个工人应得报酬三分之二去维持那些不屑做工人的人们的统治地位和财富——那一个制度，既然是这样建立和维持起来的，将要自发地和必然地产生了沾染着它自己的精神和标志着它自己的卑鄙和腐败的各种政府法制。所以因为我们所申诉的一切祸害都是从现在的制度本身所产生出来的，并且在这些样样色色的救治方法之中，竟没有一个是抓到制度本身的，当然按着事理来说，就没有一个是能有任何成果的，否则也不过是去一害而招一更大的害罢了。除了将弊害的本身毁掉以外，就并无其他的救药了；所以现在的社会制度是必须予以破坏，否则来自这种制度的祸害，永是无法根除的。

第八章
一种社会制度的必要特征

我们对于现在社会制度的性质和趋势所作的回顾，已经供给我们丰富的资料，证明在这一制度里边存在着一条原则，注定了我国社会里五分之四的人，不管在怎样的宗教改革或政府的形式之下，一定要永受政治和社会的迫害的。我们所作的探讨，不但已经指出了由于我们要改善现状而带来的许多失败之中的几个，而且同时也已使我们认识了一切失败的原因，所以我们就已将我们的未来命运交托到我们自己的手里了。我们已经看到这种制度自发地产生了财富的不平等和权力的不平等，并且因此它不但现在是而且还常常必须是要破坏每一公正的政治制度以及一切可以在任何时候成立起来的社会权利的平等。我们已同样地发现财富分配的不均和阶级分成等次，完全是由不平等的交换制度所产生的，且亦赖以维持的；而且不管交换的不平等原来是怎样发生的，但是我们的观察和经验都一致指出，这一原则已由财富的不平等与其有关阶级等次的情况的存在——亦即社会分成资本家与生产者——使之永垂不朽了。财富分配之不均，倘使就它本身而论，而且也不与交换的不平等和阶级分成等次联系起来，倒并不是一大祸害。

倘使某一个人已经以他的劳动获得二套衣服了，他就不会再管另外一个人有二套或四套了，只要他也是用他自己的劳动与别人的劳动去交换而得到那样多的。绝对的财产平等，正像绝对体力平等和身材平等一样，不会在人间存在的。在每一种的社会形态之下，常常将会有某种个别的和私人的财产；并且因为人的品性的差别，将使这种财产不但不会平等而且还会有多有少。

我们既已追踪到社会和政治祸害的根源了，并且已经发现它们所依靠的原则了，现在我们就要看一看与此相反的平等交换原则，是否在它自己身上包含着对症良药，是否是能够凭着特殊的社会设施实行建立这一原则并且依着这一原则去做。

我们已经清清楚楚地指出，除了劳动或劳动的产品以外，就没有什么可以拿来交换了，所以当人与人之间互相交换物品时，他们好像是只能拿劳动与劳动交换。因此严格的公平就要求原料的价值相等而且是投下等量劳动的二件物品，应该是可以平等交换。凡是价值如此相等的物品而交换起来却不相等的话，那么一方的交换者的所得，常常是另一方的所失，并且最后将有贫富之分，同时法律和制度亦将制定出来，使得有钱的人成为比贫穷的人智慧较高，品质较好，和权利较大的一个阶级。但是凡是交换能够保持平等的，一个人的所得就不会是另一个人的所失了，因为每一次的交换，只不过是劳动和财富的一种转移，并不是一种牺牲。这样看来，虽然在一种根据平等交换的社会制度之下，一个节俭的人是仍然可以致富的，他的财富就是他所累积起来的他自己的劳动的产品。他可以拿他的财富，或者他可以让别人拿他的财富，去和其他的人交换同等价值的财富。但是一个富有的人，在他停止劳动以后，就不能仍旧富有到怎样长的时候了。在交换平等的制度之下，财富就不能像现在一样，会有一种生殖的并且明明是自己孳生的力量，自能补给在消费中的一切耗费，因为财富一经消费，倘使不由劳动重新生产出来，就是一去而永不复返了。现在所称的利润和利息，就不能在平等交换的制度下仍旧以利润和利息的形态存在了；因为生产者和分配者都将同样得到报酬，并且他们的劳动总和就将决定他们所生产出来并且转移到消费者手里的货物的价值了。

所以平等交换的原则，从它的性质来说，必须追随普及劳动的原则——这一原则接着就将毁灭那一颗大大的社会的恶疮，亦即一个阶级要赖另一阶级的牺牲来支持：它将阻止社会的分等分层。因此它必须维持社会和政治的权利平等：它将扫除不能就业，过度劳役，以及现仍存在的赤贫情况。同时它将毁灭由于这种情况所诱致和维持的一切精神和肉体的祸害。

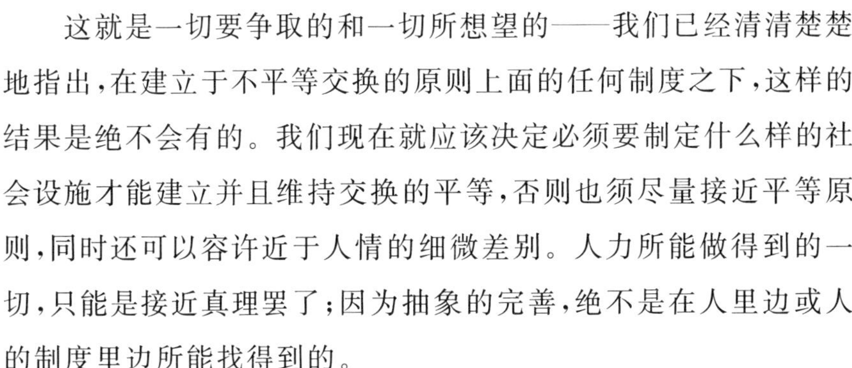

这就是一切要争取的和一切所想望的——我们已经清清楚楚地指出，在建立于不平等交换的原则上面的任何制度之下，这样的结果是绝不会有的。我们现在就应该决定必须要制定什么样的社会设施才能建立并且维持交换的平等，否则也须尽量接近平等原则，同时还可以容许近于人情的细微差别。人力所能做得到的一切，只能是接近真理罢了；因为抽象的完善，绝不是在人里边或人的制度里边所能找得到的。

在人里边就有一种天赋的能力，常常推动他去寻找同类的侣伴及其帮助。他有种种必须发泄出来的情感——就是种种情绪渴望能有一些东西可以依他的喜好与人共有共享——并且倘使他与他的伴侣的一切亲善的联系一旦都被切断,那么就是他要杀来吃的动物也会成为他的伙伴的。他的感情,因为已与同类的伙伴切断了,将会转移到它的身上去——他会与它同乐其乐,同忧其忧——并且他的不能对他说话的伙伴的对他抚摸将会生动有力地,虽然是听不见的,对着他的心说起话来。这一条爱的原则,自有生以来,就存在着了,并且将一切有生之物与无生之物用一个一个的环节都连在一块儿了。世界上就没有像孤独,冷静,或隔离等这样的事情了。

在考虑一种社会制度时,我们就不须考虑到社会之所以成立的理由何在或利益何在的问题。只要知道社会是存在的,并且常常是将存在的,那就已经够了。倘使只有两个人是在互相来往着,那就可以算是一种社会形态了——倘使有20 000万的人集合在一块,这也不过是一个社会罢了。

无论在社会以内或以外的人,凡是在或大或小的社团里结合起来的,一定是由这一个有不可毁灭性但亦有指导性的个人自爱原则所指使的。通过各种特殊的社会设施,这一原则可以用来直接使某一个人得到利益,而使他的同伴得不到一点利益——也可以用来直接使某一个人得到利益,同时别人也能得到利益[①]——也可以用来使某一个人通过别人的媒介而间接得到利益。第一种运用方式是个人的安全和社会的秩序所不能容许的——第二种方式就使慈善和博爱都没有容身之地了——第三种方式就包含了安

① 指亚当·斯密的公私利益一致学说,以为人类由于自私的动机所做的事,都是对于社会有利的。相反地,凡是由于慈善,博爱,损己利人的动机的行为,反而于己有害,于社会毫无益处的。——译者

全,慈善,和秩序等因素在内了。一种社会制度的真正优点,要看它如何发挥和掌握个人自爱的原则,使整个社会不但可以受到是愈少愈好的苦痛,而且还可以享受到愈多愈好的利益。

在现在的社会设施之下,各人对自爱的原则都是采取放任的态度,一任毫无管制的情况如意指使,而且因此就发生一团乱麻似的利害的不协调和冲突——好的制度和措施与坏的混合在一块——永不止息的斗争一直在人与人间和阶级与阶级间存在着——久已使人的心到了忍无可忍的哀痛之极的地步了。现在的社会设施,居然容许不事生产的贵族的存在,并且还要使那一阶级独得利益而使一切的生产者得不到任何利益。当然这是有祸患和弊害的。这种设施产生了并维持了一种商业的和贸易的贵族,并且这一阶级所得的利益较生产阶级要大十倍。当然这样是有政治上的倒行逆施和社会上侵害他人权利的因素在内的。一切这种使大众的生产者不能间接得到利益而直接受到劫夺和奴役的设施,必然地永远是安全,慈善,或博爱等一切好事的破坏力量。

但是对于个人自爱一节,应有合理的管束,并且要达到这个目的,就要有一种社会制度必须为着无限量的财富的生产和平均分配,为着生命和财产的安全,并且为着一切社会成员的德育,智育,和体育的培养,做好必需的一切设施。现在的社会制度对于这些先决条件可以说是一条也还没有。它对于财富的生产还要加上一种人为的限制,并且将所生产的东西分配得极不公平。人身和财产一任他人打击和剥削,甚至在任何情况之下都不会是这样的不安全,因为社会友爱的原则是被压缩和限制到它能存在的最小限度里去了。我们之中的最优秀分子的德、智、体三育已经是不堪言状了;同时社会一切部门的力量也都是完全置之度外,而且任凭无政府的状态将成年人的智力弄得好像只有从蠓到象那样的水平,而且还要对他们灌输一种慈善和友爱好像虎狼的慈善和友爱一样。

一切这些要件正是我们现在的制度所没有的;并且我们只要一动脑筋,就能够预料到经验时时刻刻所指给我们看到的种种社会祸害。不过像现在这样的社会情况,虽然是非常难堪,并且对于人类的高尚志趣——好像鼓舞慈善家从事于没人感谢的劳动——一定会起消极作用(但却不能因此失去信心),要知一个人的心术败坏不是不可以提高和改善的,一个人的残暴习性也不是不可以驯服和感化的。

凡是以为在一国人民之中,品德大致相同并且是有很高水平的,恐怕在现在的时候将要成为一种笑柄了。但是用哲学的眼光来看,这种人所想望的东西,并不是落在可能的边缘以外的。就是在现在的制度之下,虽然坏事是多得很,好事是少得很,可是大家还普遍承认,并不是一切的人都是同样无知,也不是一切的人都是同样地只知犯罪作恶。倘使现在世人的品性和行为都是完全一样的,那么我们就有了理由,去相信人性是不能改变的,而且,因为这个缘故,任何企图要使之变好或变坏,一定都是没有效果的。但是因为这样的完全一致是不会存在的——譬如有些人是愚昧而另一些人是聪明,有些人是邪恶而另一些人是忠贞,而且同一个人每每在他的一切感想,信仰,和行为上几乎全都能改变过来的——所以我们只可以作出结论,以为人的品性,无论是好是坏,不过是一种后天获得的品质——好像是一种印象由他的环境在他的生存的基础上造成的——并且它与每一个人的特殊体格组织的关系，就是在我们的体格组织受到特殊遭遇和境况所包围和影响的关系发生的。欧洲人和依西欧匹亚人的身体(直译：物质化合物)本来是相同的，但是他们的颜色，信仰，以及知识和文风的高下，却是不相同的。虽然这两个种族在这些问题上是各不相同的，但是他们的品性和观念都是可以改变的，只要使每一方所受到的特殊影响改为像另一方所曾受到过了的一样就好了。同样地，一切的人倘使置身于某种特殊情况和影响的作用之下，他们就可以成为野蛮的人或文明的人，愚昧的人或开明的人，没有道德的人或热心信教的人。这一桩事情将是并且永是如此的，全部历史的口供以及人类的每天经验，已经证明这一桩事实是无可置辩的了。

所以你看，既然人的天性就是如此，并且环境对于他的影响也就是如此，当然他的命运是掌握在他自己的手中了；至于掌握在社会手中的力量，总起来说，就是要建立特殊的社会制度，来决定每一个社会成员所必需的一般品格和习惯。这样看来，现在我们所受的每一种的祸害，不但是可以减轻的，而且是可以完全消除的。

每一事情，可以随便对人发生作用或影响的，就叫做一种情况。人们所有的一切行为，都是有一个动机的；并且他们对于思想和动作方面的一切动机，无论是起于近因或远因的，都是由周围的情况对于他们的作用所唤起来的。人们倘使没有了食物就觉得饥饿——倘使没有了喝的就会觉得口渴——倘使对于他们所希冀的是失望了，对于他们所要求的是挫折了，他们就会不满意和不快活起来的。一切这些知觉或感觉，都是特殊情况在感官组织上发生作用的结果——它们是不能够只靠思考或意志之力量去毁灭掉的——并且它们就这样地成为动机的原因和行动的鼓舞者。所以从人的本性来说,他无论在什么时候,必须是环境的产物——他永将被动地接受从周围的事物所来的印象——因为他不能用他的思想来改变肉体组织,或使之脱离外界的影响,或增高一肘长的身材。

但是虽然他只能被动地从一种特殊的情况里接受一种印象,他却可以求得一种力量,来决定他是否愿意置身于这种情况的影响下而受其支配。对于现在来说,他固然是被动的,但是,对于将来来说,他却是主动的。人类一切努力的目的常常是要掌握那些使他快乐或苦痛的客观情况。譬如饮食,为得要达到这一个目的,他就得对于这一桩事运用理智,设法贮藏食品和饮料以备随时取用,而并不是设法叫他不饥不渴。饥饿约制了人,但是粮食又约制了饥饿。倘使是没有了粮食,人也就要死了。所以虽然饥饿成为人的主宰,但人自己可以凭着他所有的粮食,来做饥饿的主宰,因此也就是他自己生命的主宰。人常常是这样地可以更代的动物——消极的或积极的,被动的或主动的。但是他所感觉到的每一种欲望和他所做的每一种行为,都是从客观情况和人身组织所共有的相互作用和反作用而来的结果。

论到人的品性,他有一种性能,可以遵从环境的指使,成为任何一种东西,并且可以摇身一变成为每一种东西。他像水上的浮泡一样,可以让我们看到它的各种颜色和杂样的花色。但是他的品性的各色各样的形态,虽然有淡有浓,却不外乎一切四周物体和事变的反射光辉。人类的单纯品性本是像一张白纸一样,可以接受每一不同的印象:并且当他的本性和印象同时唤起他的或好或坏的行动时，这种行动是显露着发乎本性的色彩，同时也显露着来自光明的或黑暗的影响的色彩。所以平心而论，我们对于由于环境和生活的影响所育成的人——不管是狠毒嗜杀的暴君，或贪得无厌的资本家，或卑躬屈膝的奴才——都不应该抱怨怀恨。倘使我们要想四海一家，正像一幅光明又光荣的人类团聚的图画一样，那么我们必须将一切的人都放在适当的位置上，并且用没有一点黑暗以及任何不适当的环境和影响将他们包围起来。倘使只是对人给以知识或教以道德训诫而不去顾到他们所处的环境，那是枉费力气。不良的情况和影响既不能产生好人也不能使好人不至变坏。环境是善与恶的种子，而人不过是善恶之所以由之生长的泥土罢了。人的品性可以完全养成善的或恶的，或者也可以是像现在一样，是善恶相混合的。但是倘使在制度上包围着的人的情况和影响不能与所欲达到的目的协调——其中善的成分并不大于恶的成分——那么本来是要成为一个美丽花园的，亦将遍地长满莠草，或将变成凋残和不毛的一片荒地了。

一切这些有关人类品性以及环境对于人类品性的影响的探讨，就明明指出了现在社会各阶级的习惯与偏见以及他们之间互相尊敬和轻视的感觉，都是由于一个阶级的社会地位与另一阶级相比以及围着每一阶级的不同情况所产生的。所以这是必然之理，亦是普遍的经验所已经证明了的——倘使各阶级的人的地位与处境都是颠倒过来，他们的品性也都要改变过来的，并且今天的匍匐屈膝的奴才就会变成明天的唯我独尊的暴君。一切的人都是由一种物质和一种性质所形成的。他们是由现在的社会制度——社会划分为贫富两个阶级——造成暴君与奴隶。这种贫富阶级的划分之所以能够保持的理由，并不是因为富有的阶级是有了较优美的心身品质，而是因为双方的交换是不平等的。

历史对我们指出人在掌握有关他的生存和幸福的各种情况上的功绩，真是微乎其微，他是已经这样可怜地犯了罪且受了苦。他一直是盲目地毁坏了财富并且使他的同伴流了血，推其原因，只是因为他的同伴所感所想的也正会与他自己——倘使他的地位和他所受的影响是与他的同伴一样的——所将感到的与想到的一样。这种必须铲除的对于任何人的横暴和迫害，并不是存在在人的身上，而是存在在制度之中的。无论在什么地方，倘使一个徒有其表的革命，推翻了专制政体，而对于专制政体之所由起的社会制度，却是原封不动，那么这一种革命所做到的和能做到的，只不过是将权力从一个人或一个阶级转移到另一个人或另一个阶级罢了；因为后者仍旧是像前者一样，其所受的影响亦是完全一样的，所以他们一定会使这一个表面上似乎是破坏了的暴虐政治又再复活起来。倘使要彻底毁坏每一种专制政体和暴虐政治，就必须先行毁掉这种暴虐政治的根本原因——这个友爱之邦的范围是能从家族与朋友推广到国家与整个世界的。不过那些将人对人的友爱限制在一个阶级的小圈子里面的社会制度，是必须先行去除干净的——并且只有将各种社会设施完全根据权利平等的广大原则，一一都建立起来，才能完成以上的一切使命。

所以吾人所能达成的最高的和最有力量的贡献，就是要创造并掌握那些要约束和影响他自身的社会情况。从人的本性来说，他是不能抗拒无政府状态之下的环境势力的——这是他要听命于环境的一个条件，并且也是他的感想和行为的动机之所由生的条

件。你看，人的力量是多么大啊，当他能够指使他所不得不服从的环境的时候——当他好像也能够将善恶二者都掌握在他自己的手（直译：右手）中的时候！这种掌握他自己命运的力量，是可以用人力取得的，并且将来总有一天，通过他的社会制度的媒介，是他将争取到的。他以前的一切成功——他历次对自然的因素和力量的节节胜利——不过是通到尚未达到的目的的一步一步的许多阶梯罢了。现在的世界，正是在幼年时代，而不是在老年时代；并且它的以往成就，远不如它的将来成就，因为幼年时的努力结果，倘使同成年人的事业相比，那就相形见绌，而不可以道里计了。

凡是各种可以控制的情况，其能与人类幸福有关的，均可分为肉体的与精神的两种：一种就是有关财富的生产的，目的在于满足他的肉体需要的；一种就是有关他在智育和德育方面的修养以及他对于人类的应尽义务的。现在的社会制度，就替我们准备好了许多例子，指出了用来控制第一种的情况的各种有效的和有缺点的手段；况且既然的确知道我们所要求的，就是以最小一点的劳动得到最大数量的财富，所以我们就能够没有一点困难来选择那些确是最有利于我们所希冀的目的行动方式了。至于德和智的力量的提高，在现在的制度之下，我们的社会制度和设施，对于这一方面的情况的控制，都是很不利的。现在一切的事物都是有缺点的并且不能使人沾染到一点真正幸福所需的品质和感想的。每一个人是拘束在一种社会地位里边，使他一点也不能照着己之所欲亦施于人的道理去做。现在存在着的社会的划分，使一个阶级完全听另一阶级指使，并且使压迫者的所得都来自受压迫者之所失。所以这种划分是必然地要使人成为仇敌。这种阶级等次之分，对

于社会大众，更要加深了他们对于获得生存资料的过度劳役和焦虑；并且那一点尚未为此种劳役和焦虑所毁灭了的要求深造的欲望，也在苦闷寡欢的贫困环境中逐渐消失和死亡了。所以在现在的制度之下，并没有像广义的道德样的那种事情，也没有像广义的智力培养样的那种事情，因此人类就没有可能会团结在人类进步所必需的社会友爱的共同结合里边。

在现在的制度之下，每一桩关于财富的生产和分配的案件，或多或少是受常常提心吊胆和你死我活的竞争原则所支配的。它常常使个人和阶级都是互相敌对地冲突起来。它的职责并不是决定什么是对的，但是要决定什么是有利的。在它的指导下，一切的人都只管自己的利益了，并且是各管各的分开来了。于是每一个人都是听其自由去增进他自己的个别利益，而不管他所交往的人的利益和福利了。

与竞争有关并且与竞争一同在财富的生产中起着作用的就是合作。每一种大自然的或艺术的作品，都能够证明合作的力量，亦就是力量的结合及其指导方向。森林中的巍巍大树和城市中的堂堂巨厦，都是合作力量的结果。没有这一原则，当然文明和文风就谈不到了，因为每一个人的全部时间都将各归各地消耗在谋生的努力上了。每一个人将是又穷又惨，并且一切的劳动结果将是不能令人满意的而且也没有多大收获的。但是凭着对准方向的合作，就没有任何人力所不能做的或者是做不成的事情了。任何一个国家或社会的力量，常常会与存在于它的成员间的合作成比例的；但是合作的一切力量和利益仍不能得到完全发展并供人享受，除非在人与人之间是能志同道合和利益均沾：这样的志同道合和利益均沾是不能办到的，除非劳动是普及的并且交换是平等的。

竞争是由于四周的情况和影响对于人体组织的作用所引起的后果。它是靠着人的无所羁绊的自爱心来推动的；并且只有设法使人受到一种特别的有关道德训练的功课之后，或者为了一切的人产生了他们所需要的和所竞争的一切东西之后，竞争才能根除得了。在这两种手段之中，任何一种都能消除竞争；因为前者是用高尚的感想和行动将它推倒，同时在后者的情况之下，它就已不复有用武之地了。但是在现在的社会制度和这种制度所产生的感想和行动方式之下，竞争的精神乃是人类本性里面所不能铲除和不能毁灭的成分；因为不论在任何地方，倘使双方或多方都同样地欲得某一些东西，同时能够得到这些东西的唯一手段也就是竞争的话，那么他们就将互相竞争来争取它们了。

竞争不过是一种人类的感觉和行为，这些感觉和行为是由放肆的利己主义所引起的，并且常常会产生冲突、嫉妒、憎恨和残酷行为。我们大家都应该想到，不管是文明社会或野蛮社会里的人，都是粗野无文地进入社会的，并且还带着一切近于兽性的本能和感觉。这些都是为了他的继续生存而种在他里边的种子——它们是人类生命的自然组成部分——亦非人力所能转移而必须要握紧的生存原则的节奏。但是这些毫无羁绊的本能和行动，本来是可以有助于个人的生存与享受的，倘使全世界上只有他一人的话，但是在一种社会形态之下，倘使它们仍旧不受管束，那就是对他是绝对不利的了。这些本能和财力，对于生存在一个社会里面的人来说，其所起的作用正像它们对于一个孤独存在的人是一样有力；但社会是一种人为的存在形态——即是用人类的思考，在只有**大自**

然能埋好的基础上,树立起来的上层建筑。所以,人类行为的自然动力,必须靠着人力予以节制和指导,使它不是去破坏而是去助成伟大的社会设计。除非是先有这样的管制,否则全人类的幸福是不可能的,而且这种幸福乃是任何真正个人幸福的先决条件;因为个人的幸福,倘使用正确的观点去看,只不过是全人类幸福的反映罢了。

所以我们无须枉费力气,想要消除个人自爱的原则,而是必须建立种种管束和指挥这一原则的制度并且要使这一原则为整个社会服务,同时也要使个人——这一原则在他身上要发生作用的——能够得到利益。这事如想做成,只有靠着不知个性为何物的各种制度才有可能——在这些制度里面,个人在群众之中消失了——在这些制度里面,一切利害和利益都是完全一致了。

那么我们有了建立一种社会制度的真正原则了。我们也有了适合于人的本性和才能而建立起来的社会体系的知识了。我们也充分积累了事实,这些事实告诉我们,实行这些原则哪样的方法是有效的,哪样的方法是无效的,以及一切这样的事实对于我们人类产生哪样的影响。所以我们也能够很肯定地就断定个人与国家的性质和状况,当它们是受到这些制度——建立在这些原则的正确运用上的——的影响所约束时,到底将变成怎么样的。

对于建立一个适当的社会制度的想法和对于破坏现在的制度而成立一个我们所要求的新的制度的实际行动是大不相同的。人们受了风俗和习惯的影响之后,虽然他们也能看到一个大运动的目的以及由此而来的极大利益,可是他们就懒得走向所想望的目的,除非它是顺手可及并且是毫不费力地就可得到的。只要是一种变革的观念，不管是前途怎样光明，倘使这种变革要引导他们离开习以为常地人人天天所走的生存道路的，就要使大多数的人们吓坏了。他们将田鼠的土丘视作大山，并且将不足以使他们跌跷的极小困难，看作不可克服的障碍。所以在考虑要作怎样的一种社会改革的时候，就必先考察它的目的以及各种达到目的的手段和那些要改革的人们所已有了的手段的实力，然后这一事业，既不至于一方面因为不充分和不审慎的策略而失败，亦不至于一方面因为不成功而失望。

第九章
制度变革中所存在着的困难

我们无须怀疑，社会的存在时间和人类的互相交往，将要同人类的生存同时延长下去；并且我们以为，要计拟和建立一个具有我们所考虑过的必要特征而且还能产生我们所要求的良好结果的一种社会制度，不管是从人的本性和能力去看，或者是从现在的制度去看，明明是有可能的。

在每一个国家里边，社会现在是将它的成员分成无数小的各归各的宗派和集团，好像是与整个的世界，没有什么关系似的；并且这些分支单位是称为家族。每一个人都属于这种小单位中的一个；对他来说它就是一个世界的缩影，并且在它的狭隘的范围里边，就集中和限定了他的最美好和亲热的感情了。在一个家庭里边，就有着不能及于整个社会的同情心和休戚相关之感。但是我们对于家庭的这些感情和留恋，经过一番分析之后，并且对于它们的生长以及它们的继续和衰落的原因，也作了仔细的研究之后，我们就已下了结论，以为我们对于家庭的柔情软意，都是由于它们的活动范围过狭和运用过专的势力所促成的，并不是由于一种亲属关系的特殊结合所促成的；所以，倘使我们能够制定特殊的社会设施，似可将每一个人的关系，从家庭推广到人类，那么我们就可以将同样的感想和同情心推广到社会的每一角落，而且一切人类就可以"在同样地如兄如弟般的友爱中生活了"。这是无须置议的事实，整个的世界必将比现在的时候或过去的任何时候更富裕，更开明，而且因此而更有幸福，因为此时人类一切同情之感和利害的关系，都是合而为一了。但是这样的结合是做不到的，倘使劳动是不普及而且劳动的成果是不平等享受——倘使每一个人并没有受到同样的并且只是好的影响，倘使没有做到使每一个社会成员，都能看到并且感到他的真正利益，只能在其他社会成员的利益中才能找到。

现在社会分裂成为冲突和敌对的几个部分，乃是现在社会制度之下的一桩不可救药的事情，因为这种分裂和敌对情况的继续存在，确是被人与人之间利害不同的那一种情况所肯定下来了；而这种不同的利害，因为是相敌对的，必然会使人与人之间互相冲突起来，盖凡使一方能有所得的，同时就必使他方会有所失。即使丢开人与人之间的关系来说，为人子者，总欢喜他的父能够致富，因为他总以为这样他将会有更好的照顾。为人父者，也总欢喜他的孩子们能置产立业，使他们能够在他的老年时代照顾到他。为亲属者，也欢喜他们之间各人都能有所积蓄，使得遇到不测之灾的一个人，可以得到帮助。但是经验证明，在极多的例上，就是血统的关系，也不能使那些利害不一致的人结合起来。

在现在的制度之下，一种普遍的利害相共是办不到的，因为每一阶级的利益，与每一个别的阶级的利益，都是敌对的；并且资本家所得的，没有一点不是生产者所失的。劳动人民并不欢喜资本家或雇主多得利润，因为后者这样得到的利润，就是前者所累积的损失；同时资本家也不欢喜劳动人民得到全部劳动成果，因为倘使真是如此，资本家就不能像现在一样，可以骑在别人头上，并且不须劳动就可以过着奢侈的生活了。倘使雇主多得利润，他就能多付工资这一句话，乃是一种自欺欺人之言，天天在自己打自己的嘴巴。倘使资本家既然比以前富有，当然他就会增加他的支出或增加他的投资。但是倘使他的利润每年从 200 镑增高到 400 镑或 800 镑，他的工人的工资却是一定不会照样提高，甚至一点也不会提高。在累次的利润提高之中，工资率始终是仍旧不改的；但是偶一遇到相反的情形而且利润是下降时，那么资本家所想到的第一桩事情，就不是减缩他自身的支出和摒弃一些奢侈品，并且回到原先的生活标准，而是他对他的工人的工资，究要减低多少；因为他自己的地位，豪华，和显赫都必须是照样维持而丝毫不改的。这样看来，社会的阶级划分，非但使利害关系永远划分；并且，因为一切的人都落入了竞求生存的你死我活的斗争之中的缘故，必然要毁灭人类所固有的同情和好感的种子。在现在的社会设施之下，社会各部分的人都是受到一种有系统的训练，相信自己是优于或劣于别一部分的人，并且是受到一种有系统的教训，相信自己的利益，或多或少是因压低别一部分的人的利益而提高的，同时各部分的人都有了与别一部分的人不同的感想和成见，而且是只能适合他们自己在社会上的地位的感想和成见。社会就是这样的——一切的人就是这样想，这样做，而且这样感觉的。

社会是可以这样的或那样的改变的，但是我们可以肯定的，就是要想出一种制度，甚至比现在的制度更坏的，一定是不可能了；

同时也不可能有任何一种社会变革，会使它坏得像现在这个样子。既然是这样的，并且还有许多事实可以证明，人是能够教养成习，可以使他或者用好感，或者用恶感来对付别人的——或者是可以与人平等相处的，或者是作统治别人的君王的，或者是作服从别人的顺民的——所以我们觉得，倘使我们能够建立一种制度，清除了现在在社会里的阶级等次，并且将一国的人结合成一个大家庭，其中甘苦相共而且利益一致不分，那么我们就会发生一种感情，正像在各个家庭里所能感到的一样。我们早已就看到了利益的不一致，势必破坏社会的协调，因为它对于博爱与和平之由以树立的那种个人相亲相敬的情感，必然地要起了破坏的作用。因为要使那些现在处于敌对地位的利害关系，能够融合一致，并且要使现在只限于一个家庭的小圈子以内的爱，推而至于整个人类，所以我们已经试图成立一种制度，使劳动成为普及的义务，使土地与一切生产的财产成为共有共享的东西，并且使权利与义务的平等，一定是与个人在最好条件下的工作能力相称。在这种改良的制度之下，从它所根据的原则的性质来看，不但是不可能仍旧残留着依照现在看法的富和贫，或雇主与雇佣者之分；而且还将使一般情况和政治权力的平等，普遍地占统治地位。社会将分成许多社团或大家庭，可以多少不拘，但每一单位的成员约以 1 000—5 000 人为宜，绝不能像现在的那种情况一样，大家住在既不卫生而且狭隘的住所和城市里，而将在设计得很好而且宽大的房子里居住和工作，并且将要大量生产必需品和奢侈品，来供大家享受。一切的人将要受到人类知识和经验所能做到的最好教育和训练。现在这种老是与战争，罪恶，和愚蠢的行动不可分离地存在着的各种政府形式，将不

复为人所知道的了;并且人类也无须再怕和再受由专制和无政府状态所产生的恐怖和迫害了。人类将普遍地享受一种纯粹的和合理的自由;并且人人都依己之所欲亦施于人的道理去做,同时还能够爱邻如己。一个人既然处于这样的地位了——将包围他的好的和坏的情况都这样地控制好了,并且没有一点像现在一样地或多或少要影响一切人的卑鄙下作的感想可以影响到他了——当然他的智、德、体的品质就将达到人类最高的优良标准,并且社会的祸害与罪恶亦将会完全消除干净了。

根据人类权利平等的大原则,财产公有的社会制度,就将通过以下的设施,得出它的结果:

1. 要有可使无限数量的财富能够生产出来,并予以公平的分配的种种设施。

2. 要有为得每一社会成员的德、智、体三育的培养的种种设施。

3. 要对整个社会有种种正确管理的种种设施。

在这三大条件之下,就可包括一切有关于人及其制度的问题了。这三条件就包括了一切有关他的生存和他的幸福的事情了。就是在现在的时候,它们或多或少也是世界各国所注意的,因为无论在任何社会制度之下,它们是不能为人所忽视的。

第一类的设施就是关于住宅,制造业,和商业方面所需的房屋的建造,必须结合有利于保健和有利于生产的条件;此外就是关于粮食和其他产物的生产与分配以及修筑道路,铁路,运河,和其他各种对于尽量生产和尽速分配所必需的一切手段。

第二类的设施就是不折不扣地包括关于教育的问题,亦即根据最好的原则和最好的所知类型而形成高尚品德的问题——就是要有道德和慈善的知识及其实际行动——要爱真理，节操，和社会协调——要建立休息和娱乐的场所——并且还要有其他关于社会权利和义务以及身心力量的正确发展和指导的法规。

第三类的设施，就是关于社会的调整和管理：——关于计划和制定财富生产和分配的最好手段，关于整个社会的生产与消费的调整以及与外国的贸易关系，关于个人的教育和训练，以及纠纷的解决，还有儿童与残疾者的保护，并且还要计划和成立其他有关生产和分配的管制以及生命和财产的保护的法规。

这样的一种制度，从它的本质来说，既然是这样地建立起来的，并且包含了这些十全十美的设施，当然毋庸置疑地能够完成人力所能做得到的一切了。

凡是包括在这种制度和这些设施里边的东西，自有人类以来，其实多多少少每一样都是由我们一直就在实践着的，而且对于最完满的权利平等，也不是不相容或带着破坏性的。现在只不过是要对于这些原则，予以扩大和分类，并不是要另创新的原则。人类本性上所共有的感想和情感，非但不能毁灭而且也不能削弱，但将予以加强和扩张，直到它们遍及世界各国，同时也遍及一切的人和家庭。现在财富的生产和分配，虽仍继续进行，而且到处都是贫困和破产，但是人类的技巧所能控制的最大潜力，将会使每一种财富，都能大量产生出来，直到满足了我们的需要为止。将来的社会，一定是太平无事，不会常受侵略，并且一切的人，也不会任其受人鱼肉和互相残杀，好像现在的社会一样；但是一种博爱精神和处处协调的盛况，将普遍地在社会中存在，因为一切不和谐的原因，将要完全消灭。政府的专制和不负责的权力将不会像它们现在做的一样,任意攫取别人努力的成果,并且用高压的手段治理他们;但是一种建筑在权利完全平等的基础上的普遍的自由,就将出现,而且完全是由一切可能的政府之中的最好政府——自治的政府——来掌握的。至于专横,蓄奴,和罪恶等就将完全消灭,因为对于这些东西的刺激力量,将不复有存在的余地了。童年没有保护和老年没有照顾的事情,亦将没有可能了。所以青年人们与老年人们,将不为前途黑暗的幻影所折磨,好像它现在折磨了许多人的较好部分的感想一样,并且使人类生存的一点命定了的时间,弄得苦上加苦。一切这些东西,和一切其他所能得到的东西,都是能够为人类所有和享受的,只不过是要在这样的一种社会制度之下才可:劳动是普及的,土地和资本是公有的,并且平等的权利和平等的法律是最充分的由人享受的。

现在的制度有点什么可与这种情形来比对呢?就是在它的最好和最光明的部分,缺陷是怎样的多——在它所产生的最纯正和最洁净的慈爱涌现之中,其感情是多么冷淡,多么不健全,和多么狭隘!在现存的财富生产和分配的设施之下,每一样的事情都是有缺点和不公正的。生产出来的数量是不够用的,而且这一点有限的产品,大半都是由那些对生产方面贡献极微或根本就没有做过什么的人所享受或浪费了的。对于劳动人民,当然就没有一点现在的或将来的真正享受了;而他的毕生前程,一定是逃不出人所共知的穷途末路和晚境凄惨的里程碑所划定的界限了。让我们来看一看现在的制度罢——或者是有关财富生产和享受的继续和扩大,或者是对于将来的和不测的事情作好了肯定的和充分的准备,或者是关于更进一步的进德和修德，或者是关于科学和艺术的提高，以及关于达到个人或全人类幸福的种种便利条件——在现在的制度里边，没有一点东西是可以令人觉得这种制度是值得继续维持下去的。凡是现在所能享受到的，亦能同样地在财产共有和情况平等的制度之下享受到的；可是从现在的社会设施而来的祸害，就能完全避免，并且此后就不复有人会知觉到那些祸害了。

政治经济学家和资本家对于财产共有和权利平等的制度，已经是作了各种各样的反对，并且也已提出了许多论证，指明这种制度是不能成立的，即使暂时能够成立，亦绝不能永久施行的。在他们的理由之中，有些是要证明生产阶级的人们，亦即对于所计拟的变革最感兴趣的人们，绝不能累积足够的现款，通过购买的手续，从业主手里获得全国所有的固定资本，然后开始实施新的制度；他们也绝不能够使资本家们来帮助他们搞这一番事业；倘使他们建立许多分散的社团，恐怕他们也要因为构成社团的不同派系的一般恶习和不讲道义而失败；并且这一种新的制度，在一切困难之中，即使能够局部开始实现，但是这些社团，也会因为它们的成员，在生产方面，没有能力与留存在现在社会的制度下的那一部分人竞争而失败。

至于这些反对的理由，到底有多少斤两的问题，那就只能在我们对于这个问题——一切可以促进我们所计拟的变革以及在这一个变革开始以后又怎样去完成它的一切手段——作了一个大公无私的审核以后才能决定。要达到这个变革的目的，并且要使劳动从资本的统治下摆脱出来，就必须使国内的土地和能够再生产的财富都应归劳动阶级所有才能办到。所以劳动人民的主要努力方向，就是积累一笔相当大的金钱，使得某一些人可以从现在的业主们的手里，购得他们的土地和固定资本，这样至少就可组成一个社团，即行开始新的设施。但是一部分是因为大家对于所期待的目的没有明确的认识，一部分是因为要维持资本统治劳动的现状的阶级的反对，所以至今还没有一个社团，已经累积了相当的基金，使能获得任何成功的机会。内部的不信任和分裂，亦常使这种奋斗中途结束，并且使这种任务，在内部的争执和纠纷中化为乌有。

从他们的现在社会地位来说，生产阶级的人必然是贫困的；所以他们为自己的利益的努力，绝大部分是一经开始就会在很大的程度上受到压制和咎责。同时还有极大数目的工人，都是陷于这样凄惨的贫困之中——并且贫困又是日益推展它的作用并增高它的强度——甚至他们的毕生积累，也不能对于共有共享制度的建立有了什么推进的力量。但是，不管这一切的不利条件，现在在联合王国里边就有相当大的基金，在各个照常工作的福利互助社(Benefit Societies)的手里，可以直接用来建立几个社团。近来的许多同业工会，虽然是很穷困，但亦证明了劳动阶级的能力可以筹集巨额的款项。虽然这些款项，倘使是要当作立即破坏一种社会制度的手段来看，真是微不足道的，但是作为财产共有机构[①]的一个开始也是极相宜的。可见劳动阶级作为一个团体而论，的的确确能够不必求人，而专靠他们自己的努力来推动新的制度——譬如每星期缴纳一个便士的微数——并且一经有了相当基础之后，

① 参看本书第十一章和第十二章，其中详述此种机构的组织及作用。他好像有些欧文(Robert Owen)信徒一样，称之为“股份公司”或“合股公司”。实际上就是一种欧文式的共产的组织。——译者

它就会从各方面来破坏现在的制度，并将使之归于乌有。

除了生产者们自己就这样固有力量之外，我们还常常发觉了一些，而且现在还有一些，富有的资本家们，对于这种将人类从穷困和堕落中解放出来的光荣工作，也是很乐意予以帮助的。由于一些这样的人的帮助，财产共有的社团是可以成立起来的，并且最后一定是能够达成我们所欲达的目的。我们不妨提一提过去曾由这样的资本家的帮助，成立了一个雏形的公社[①]——接近了普及劳动和平等交换的理想，因为社中的一切成员，必须帮助生产，同时也共同享用所生产的财富——房屋也盖起来了，并且各个成员也决定都要工作了——可是在很短的时间之内，这一尝试就完全失败了，公社也解散了，一切又恢复原状，甚至土地和房屋都出卖，并且按其他的目的使用了。但是在这种雏形的企图之中，事先没有仔细考虑到必须克服的障碍，其所投下的财富只是一个有限的数目，并且遇到紧急需要的事情，那就无力应付了，仅从这一缺点来说，就足以造成致败之因了。因为这些资本家和别的发起人们，在最初的时候，就是这样地被限制住了，并且他们因为这种制度进展得如此之慢以及因为资财不足和所处地位的孤立，就都丧失了勇气的缘故，所以从事于这一番事业的资本家和其他的人，最后只好从这一种似将无所成就的尝试中，缩回了他们的手。

经济学家们也是同样地加以反对——并且前面的例，就被他们提出来作为证据——以为即使有了充分的基金，但社会的一般

① 大概是指欧文先生在美国成立的新和谐村(New Harmony)。但这种组织在19世纪的前叶是很多的，不过是欧文的一个新和谐村罢了。——译者

习惯，对于任何一种制度，其有异于现在社会制度者，必不容其存在——以为有了现在的阶级和等级的教育以及各种成见的人，就不能立即深入财产共有的社会制度，也不能与人和睦相处和平等相待了。但是一切这些论证，都是根据一种想法，以为人是像他在现在的时候一样的——而并未联系到那些一直使他之所以如此的原因，也没有考虑到这些原因是否可以由别的原因来排斥替代，并且因此又可以产生别的后果。这样看来，一切这种反对的理由，都已离题太远，说到共有共享制度最初成立的困难的范围之外去了。

人的本性是普天之下完全相同的；但是它的表现，无论是在人的颜色，信仰，和语言方面，非但是形形色色，而且是自相矛盾的。一切的人都是有了同样的才能，嗜好，以及其他的品质，但是绝没有两个人能有一色一样的思想，感觉，或行为；同时也没有一个人的思想，感觉，和行为能够不变和不改的。这样看来，我们一面就应该坦白承认，现在我们之间，还没有那种在切实施行平等制度时所必需的智慧，仁慈，崇高的道义，和纯真的道德；但是我们一面却不能否认，我们可以用一些过渡的设施，使得一切的人先行充分培养这些必需的品质，然后负起变革的使命。

资本家和经济学家们在考虑这些失败的时候，总不去寻找它们的正确原因，不假思索地就认定了这些失败，乃是一切企图破坏现在的制度和建立平等原则的自然的和不可避免的结果。他们对于这班失望的和慈善的人们，就拿这些失败的事实，来作这样的警告：他们的情形是绝望的，并且他们的努力是不会有何结果的。但是这些要建立普及劳动和平等报酬的失败，都是从很确定的而不是不可以改正的特殊情况而发生的；并且这样的一时失败，并不能视作一种证据，确定了建立和履行平等制度的不可能性，正像科学在早期时候的迟慢进步一样，并不能将它的伟大真理视为是虚妄的和无价值的。我们从来就未曾有过足够的手段，不管是金钱方面的或精神方面的，可以完全用在建立一个新制度上面，使成功的希望有了稳固的基础。至于失败的原因，除了由于款项不足之外，还有其他一些原因，是由企图改革的人们所产生的。这些参加所计拟的合股社团的人们，几乎都是良莠不齐未经选择地来自各方的，并且他们都带来了他们的旧感想，旧成见和旧习惯——一切都是与任何样子的平等的存在不能相容的，因为它们都是现存制度的一部分和一片段。它们自然是会破坏可能成立起来的任何样子的平等的。

但是一般的经济学家们，以为即使将一切金钱上的困难以及有关同志们的和衷共济与道德品质等问题抛开，但是这个新的制度的成功，除了品德的改变和充分资本的筹集以资进行实际有效的工作等因以外，还须有赖于其他原因；所以即使许多公社能够成立起来，它们也必很快地就失败了。因为这班经济学家们只看到他们所看到的社会，其中有各色各样的派系类别，有竞争，而且有劳动阶级的剩余和赤贫现象，所以他们以为一个公社里的成员，虽然人人都参加劳动而且共同享受，但是生活的舒服和奢侈仍不及停留于现在制度之下的人们。他们所说的理由是这样的：一个公社必须在社内产生一切所需的物品，否则就必须产生一种能够换得所需物品的一种商品。公社里的人们的劳动规定不许怎样多地超过现在制度下的工人所花劳动的一半。倘使所花的劳动减少了，当然所生产的财富也要比例地减少的，所以所消费的物品也要减少，并且与所需的物品去交换的物品也要减少。因此在公社之内，一切物品将要比社外昂贵一倍——换一句话来说，倘使公社里的人们与社外的任何地方有了贸易之后，那么社外的人，其每天所得乃是12小时的产品，而社内的人，如以他们的每天6小时的产品与之交换，当然只能换得12小时所产生的商品的半数。即使公社所能得到的全部财富是平等享受的，但是这种在分配上的平等亦将无补于所得到的数量的不足；并且若令公社的人延长工作时间并生产得更多一些，他们的境况，全面地观察起来，也不能比那些停留于旧制度之下的人会好了多少。在贸易的问题上，一个每日在公社里工作6小时的人，当然是不能与在现在的制度之下每天要苦干12小时的半饥饿工人相比的；因为不管一个公社的主要产品是什么，不管所用的机器是什么样的，同样的产品也就会用同样的机器在旧的社会里生产出来，并且常常会比公社的产品便宜。至于赋税和租金等，无论是直接的或间接的，无论是在公社以内的，或在公社以外的，都是要同样照付的；并且他们都将在对政府的担负的名义之下，同样交纳各种的捐和税。公社的种作和制造场所，按其性质来说，大概是规模较小的；而我们都很知道大半的小农和小制造业者，虽然也是业主，但必须是终日不停地工作和苦思焦虑，才能勉强度日。

经济学家们的一切驳议，对于像在大不列颠样的一个国家里边的一个孤立的公社而且它是为种种敌对的集团利益所包围着的，当然是一个致命的打击，但是对着作为整个体系的财产共有制度来说，就没有一点威力了。全部和一部分的意义是不同的，并且在现在这一桩事情上面，一切用在这一处的驳议，绝对是不能用在别处的。我们的社会，正像社会由以构成的成员一样，非但现在是，并且将来也常常是，由许多部分构成的，每一部分都要各尽各的职守，并且每一部分都是全体利益所不可少的。至于粮食和必需品的生产与分配，必须经常有种种设施，并且整个社会的智育和德育的培养以及社会成员的管理和领导，也是应该有这种设施。在每一个国家里边，或者有一部分是宜于粮食的生产，另一部分是宜于五金，陶器，或布匹的生产；而且倘使对于这种的利益能够善为安排，那么我们在财富生产的过程中，或多或少总能节省一些劳动和时间。所以这样性质的各种困难，虽能阻碍一个孤立公社的成功，但在一切公社的整个体系之中，就不能再存在了。

除此之外，这些经济学家们，在比较公社以内的人和公社以外的人的相对地位时，就作了一种假定，以为公社以内的人，亦将由于现存社会的设施的缘故，一定要有所献纳，俾得维持公社以外的不生产者。他们就这样地忽视了共有共享制度的要义和精神了——(即忽视了)公社里的普及劳动和平等交换等重大特点——并且这种制度，在他们手里，就只能成为现在的制度的一点修改，而且还要让现在制度下的一切担负与弊害仍旧照样存在。财产共有与权利平等的制度的一大特点，就是要完全去掉对于这些社会的和政府的担负；因为作为整个的体系来说，它会将一切这些痛苦都消除干净。政府所花区区的一点钱，将用在防止犯罪方面而不用在治罪方面，将用在防止对邻国的战争方面而不用在进行战争方面；因为在现在的制度之下，政府的支出是要包括保护生命和财产，进行战争，和支付由战争而来的债务等等主要项目。

这种情况以及与之有关的制度是与现在的制度结了不解之缘

似的，并且还可视为是主要洪流的闸门，由以潜入贻害人民的一切贪婪的文武恶魔和教道恶魔的队伍。

可见作为整个的体系来说，财产共有的制度将为国家做出那些在现在的制度下，无论是怎样也做不成的事情；并且这样的说法是不近乎情理的——只是根据一个孤立环节的微弱作用来判决整个财产共有制度的结果，正像指着一个人的分割开了的头和肢体作为他的没有力量的根据一样。

财产共有的制度，无论从哪一方面去看，都是吾人所能建立的最完善的社会形式，所以，凡是享受到它的利益的人们，必须有同样程度的优良人格和品质才好，人类走向十全十美的最后一步，就是要实现我们已经说过了的共有共享和平等的原则，使整个社会成为一个别无其他成分而只有和谐与友爱的大家庭。这样看来，倘使我们希望一步就能从现在的制度跳到一个各部分都是这样不同的共有制度，那就好比我们希望看到蛆虫立即就跳起来变成苍蝇一样。这种从腐烂堆里来的蛆虫，将使它所接触到的一切都变成污秽，它所停留的所在都留下恶臭。可是在它里面，却包含着在阳光下玩乐而且在微风里飞舞的盛妆艳丽的羽虫的胚子。时间和客观条件，乃是促成变化所必需的因素：形态的改变是一步一步前进的，而且是要最后一步来完成全部的工作。

所以人也是如此的。这种或多或少现在是要见之于行动，形之于思想，和丧之于志气的鄙陋龌龊的自私自利，乃是人类在这许多时代里一直就过惯了的制度里的一个组成部分。日常的经验就可以证明，现在的社会制度，彻头彻尾是达到高尚品德标准的障碍——它的一切习俗和行动方式只能产生腐化的感想和不好的行为，并且还要使人的最下流的与最坏的性能，都要发生作用。所以在这种制度里生长起来的人们，同时或多或少地也沾染着由于这种制度而来的堕落思想和恶感的（人们），必须建立起走到更好制度的每一步阶梯。要知成立财产共有制度所必需的要素，不仅仅是一点有关平等原则的知识罢了。同时还须有充分发展的和具有高度智力的必需热情和道德品质。这样看来，倘使人品的改变乃是最完善形式的社会共有制度的成功所不可缺的，倘使现在的制度不能提供条件与便利使人可以做到必需的品格改进，而且准备达到他所希冀的更高更好的境域的话，那么一切的事情，就只能停留在现状之下了，除非能够采用了以下两个方法之一。第一个方法，就是开始实行新的制度的人们，有了资本的积累，足以克服一切现在的制度所具有的困难，然后再由新的制度，创造更好的条件，来完成这一工作，并且使新生的人种，无论在品德上和习惯上，都是与现在生存的人大大不相同的。第二个方法，就是必须发现准备的步骤，并且要实践这种步骤，就是要有一种运动，一部分是根据现在的制度的，而另一部分是根据所计拟的制度的，亦即一种中间暂时休息的地方似的，在那里，一切社会上的过失和不合理的事情仍可存在，但是从那里，社会将向前进展，渐渐沾染上共有和平等制度的存在所不可缺少的性质和属性。

只要是好好地一经推动起来之后，一个新的社会制度，就会循着一个经常不变的自然规律的作用，产生了符合新社会的性质的人及其行动方式，并且对于它自身的存在能起保护作用。一切的东西都有一种动和反动的能力，倘使不受外力的影响，阻止了一切其他的变化，并且在现在或过去的一切事情上面，就加了一个永久

不变的标志。这种经常不变的趋向,只不过是因果定律——同样的原因必定产生同样的结果——的一种形态罢了。但是一切的原因,不能并且永不能完全相同的,所以结果也不能完全相同的。要成为一个同样的原因,它就必须发动在相同的时候在相同的地方,在相同的事物上,在相同的形态上,并且还在别的原因也在起作用的一切情况之下才可。这种假定是错误的并且是不可想象的。这样看来,虽然现在社会制度的性质是要产生符合它自己所需要的人品和制度,并且对于它自身还要起保护作用,但是成因的总动向,已经是慢慢地,但却是不可阻止地,在向前迈进了,并且在进行之中产生了新的力量和新的有机破坏因素,最后一定会给现在的制度带来了衰落,解体,和改组。一切的体制都是这样地兴和这样地亡的。一切有生之物也是这样地创造和这样地毁灭的。一切的制度也是这样地形成和这样地破坏掉的。

至于财产共有和权利平等的社会制度的建立,倘使从演变的性质以及已经一再实行过的实际情况未考虑,我们很可能就会觉得,即使只靠劳动阶级的一点储蓄和他们自己的努力,最后也能达到目的的;并且在进行的时候,或者也有可能由资本家对生产者予以部分的合作所促成;并且或者可能是一点也没有政治或社会的波动,甚至于对于现存的法律和整个社会的设施,都没有任何可以当时就觉察得到的影响(就建立起新的制度)。但是一切的经验都指出,任何一种事业的完成都不能算是已巩固了的,倘使它是专靠一点血汗,完全从一般大众人民的朝不保夕的劳动成果里所节省出来的,并且他们是为一家的人对于生存的不断呼号的压力所驱使,以致因为他们所处地位的关系而被逼得像一时的奴隶一样了,而且也就没有能力从目前的收益里节省多少来照顾将来了。资本家与经济学家们常常叫生产阶级要俭吃俭用，并且储存每一点一滴能够从衣食里省下来的东西；但是这类忠告，虽然有可能是好的，但若照样去做，也绝不能有多么大的收效的，因为人的本性，倘使在情感上或智慧上是高于牛马的，它就不会让他像一部机器一样，一直工作到死为止。倘使你要用肉体的或理智的享受来诱人，他们就会不顾一切后果去寻求它，并且一定要得到它；并且当贫苦阶级的人们是被富有阶级的人的榜样所包围并且还受了堕落的天才所发明出来能够激起和满足不自然的欲望的种种诱惑之后，他们就不能再行摆脱这种对于人的五官具有诱惑性的东西了，除非在他们的心中能够树立一种更有力的动机，确信要在将来的日子，能够享有更好的社会地位。一切忽冷忽热和忽东忽西的社会局部努力，从它们的本质来说，亦是要失败而不能成功的；并且这种努力的没有组织起来和没有团结起来的事实，是可以明明白白的从以下的事实来看的：社会的很大的并且是在逐步增大的一部分，从他们的地位和缺乏他们所能支配的资料来说，是与现在的制度结了不解之缘的，所以他们的得救，只能是靠整个社会的一个总运动来促成的。

我们现在不妨考虑另一个实施计划，其中就包含了一切的手段，可使我们所希冀的变革实现——这一个计划不但仍旧容纳以上所说的一切主要特征，而且也没有它们的缺点，无论在完成改革的时间方面，或者在立时就会受到改革利益的人数方面，以及因为不打乱社会秩序，不需要大大地改变人类品性，或家庭组织，或现在的财富生产与分配方式而来的种种便利方面。

我们要考虑这种折中的社会改革，第一就必须研究资本家的力量的首要因素的性质及其作用——这一因素就是*货币*。这样的一个探讨，不但会使劳动阶级觉得必须改革制度，而且会使他们了解资本家的几乎是无所不能的力量的秘密来源，而且会使他们看清怎样容易地就可从资本家手里夺取这种力量，并且还可使它为提高人类地位和幸福的伟大事业服务。

第十章
货币的性质和用处

由于一切要改善联合王国的劳动阶级的情况的计划，不管是政治的或社会的，都是遭到了失败的缘故，所以政治经济学家们对于他们自己的不平等学说的信心，正像我们日常所见到的一样，亦是与时俱增，并且他们更加肯定地指出，除了他们所建议的将劳动的数量压缩到资本所需要的限度以内的那个伟大的救治方案以外，就别无任何方法能够完成我们的矛头所指的目的了。我们已经看穿这些人所想到的，只不过是自以为是的对现在制度的改进意见罢了——他们是乐意将人类分成两个阶级：一个是富的，一个是穷的；一个是资本家，一个是生产者；一个是在财富里打滚的，一个是几乎连饥饿线上都站不住的。他们还盼望属于后一阶级的每一个人，必须在产生两餐的食粮以后，才能吃到一餐，因为一份是为劳动的，一份是为"利润"的；一份是工人的，一份是雇主的，也就是资本家的。所以经济学家们不愿工人的数目，超过资本家能够"有利地雇用"他们的限度，换言之，就是经济学家们愿意对劳动阶级将来人数的增加要想予以限制，故凡资本家们因限于现在所有的资本而不能雇用的人们，不是让他们饿死，就是流放到国外去。

正像我们已经指出的一样，这就是经济学家们和资本家们的救治方案；并且为得要使这个方案能有更好的结果，他们就在冷血动物似的和精打细算的“慷慨”的幌子下面，主张摒弃政府对于工作时间、工人工资和对外贸易的一切限制。由于这样的一种救治方案所引起的社会状况，是可以很容易就想象得出来的，因为它是不会有多少特点是与现在的制度有很大区别的。当然它仍旧会像现在一样，将有一个高的阶级和一个低的阶级——前一阶级所享受的，乃是后一阶级的永不止息的活动和劳役所产生出来的财富的绝大部分。

我想我们都会想到经济学家们与资本家们一定是被那种到了疯狂程度的愚昧所鼓动，居然以为这种彻头彻尾是不公正的现存社会划分，在它的卑鄙的和不公正的性质已经揭穿之后，还能为劳动阶级所容纳。倘使人是，像蒸汽机一样地创造出来的，既无感情，又无思想，只知一直工作，到死为止的话，那么你就可以安然无事，一个一个地让他们做死，饿死，或流放异域；但是人是有智慧的，他们是有头脑以及骨头和肌肉的，并且他们在受到迫害时，一定要想种种方法来挽救的。

说起来也是奇怪，这班经济学家们既然知道劳动是一切资本之所由来的根源，并且也看到造成资本的原料是比比皆是的在我们的四周，只是等着劳动的力量将它们产生出我们所需的形状就好了，可是他们不知怎样竟会瞎摸出这样的一条绝路，要使人口与劳动都为资本的不足所限制，可是并没有发现哪一个同样明显的而且是更自然和更易实行的计划，使资本的增加能与人口和劳动的增大需要成比例。只要对于资本的性质稍加考虑，马上就可指出，要完成这一伟大的目的是可以办得到的，并且从此就可消除各种的社会祸害——现在直接从显而易见地存在于劳资二者之间的不匀称的情形而来的祸害。致使这许多人在无所事事中受到苦痛或者在永不止息的劳役中牺牲健康的原因，并不是人口与就业手段二者之间的真正的不匀称，而是现在的种种社会设施。

我们对于企图破坏现在的制度的某一些努力，已经作了一番讨论，并且也指出这些努力的失败的主要的，虽然不是唯一的原因，就是没有充分的经济力量来支援这一番事业。既然表示经济力量的货币是一种不可缺少的东西，亦即任何事业的成功的第一样不可少的东西，不管它的目的是要修正现在的制度或建立一个新的制度，那么什么是货币呢？什么是银行券和金币银币呢？一切的人都会拿出土地，房屋，机器，粮食，以及其他一切他们所有的东西，来换取以上那些东西。那么货币似乎就是这些好东西的精华了么？一些点金术士的玄妙法术，曾经有否将某一些土地，房屋，和粮食变为纸片和金属条块呢？没有，这种的变化还是没有见过。金与银只不过是通常的金属，银行券只不过是纸制的。

我们对于货币的起源问题，似乎无须很仔细地多说了。这种事实是很明显的，我们在铸币和发行银行券之前，当然就已经有了房屋，粮食和其他种类的财富了。铸币和银行券都是不能当粮食吃也不能当房屋住的。它们的本身是好像海边的石子一样，并没有什么价值。大概后来有人将贵金属用作商品或物物交换的东西，正像他们将牲畜和器具也这样地去用一样——或者他们还要铸造钱币，用作这些商品的代表，帮助他们进行互相交换。在开化最早的国家里，金与银早就视作商品，并且视作一种真正的实在财富。根据所有的证据来看，他们未曾将金银只当作任何东西的代表来看。这种意见似乎是到了采用纸币之后才出现的——纸币是一种近代的发明，而且原来是作为金币和银币的替代品或代表而产生出来的。

生产阶级对于货币这个题目的一般知识，原来就比其他任何题目更为缺乏。大部分的人们，对于“货币”一词，就没有一个正确的观念，当然他们对于货币的力量的原因或性质，也是没有作过一番思考。许多的人以为“资本”和“货币”二词具有相同的意义——资本的意义就是货币，而且货币的意义亦就是资本。另一些人虽然并未将二者混而为一，但却认为某一数量的黄金或银行券，都是具有一种固有的价值，所以就像房屋或其他物品一样，可以看作同样多的实在资本。还有另一些人，虽然以为黄金是和实在财物一样的，但须与银行券分清，因为他们认为银行券只不过是金子的代表，而且倘使与其所代表的基础分开，就没有任何价值的了。还有另一些人以为黄金和银行券二者都不过是所生产出来的东西或固定资本的代表罢了。但是不管现在对于这个题目的意见是怎样的不同，而且思想是怎样的混乱，只要你是有了价值一万镑的黄金和银行券，你就会被整个的世界，看得像那些有了价值一万镑的房屋和机器的人一样富有；因为我们就从社会的习俗里得悉黄金与银行券虽然是没有什么固有的价值，但是它们能够使它们的持有者，按着它们的法定价值，不折不扣地换得房屋，粮食或机器。

政治经济学家们以为“资本就是积累起来的劳动”，“资本是为得更进一步的生产而生产出来的一些东西”；并且他们将资本分成三类：1. 劳动工具，2. 用劳动加于其上的东西，3. 劳动者的生活资

料。他们又称第一类资本为固定资本，第二类与第三类资本为可以再生产的资本。这一资本定义和分类，就将金银和银行券完全排出到资本范围之外了；因为从这些东西的性质来看，他们明明是与上面一段所指出的实在资本或财富没有必然联系的。无论金子，银子，或钞券，都不能算是劳动工具，劳动对象，或劳动者的生活资料。所以货币与资本二词，虽然常常被认为是有相同的意义，却是大不相同的；因为每一种的货币，实在只不过是实在资本的代表——它就像代表者一样，代表了房屋，工具或粮食。货币之所以有价值，并不是因为它的任何固有的品质，而只是因为这一个理由罢了；因为凡是属于我们所有而可以使用的实在资本，不管是多是少，都是通过货币而得来的。倘使没有货币这样东西，凡是有房屋或其他任何有价值的或体积重大的东西，就很难，或者就不能拿它当作一件交换的商品：他既不能拿出一部分来向磨粉作坊交换面粉，也不能拿另一部分向裁缝铺交换衣服，因为他们不乐意依照对他们是这样麻烦混乱的制度来进行贸易。但是这种困难和麻烦，完全是被货币的发明所消除了。因为通过货币，不管是金子或银行券，一个人就好像是能够将他的房子和其他资本，分成许许多多的小块，并且能够一块一块的用于交换或消费。就是因为资本与货币间的这种相互关系的缘故，它们通常就被我们同样地看待，而且货币是普遍地被认为与实在资本或存在产品有同样的价值；但是我们都能看清楚我们对于货币的重视，完全是根据社会习俗来的，并且货币本身，只不过是作成交换的一种工具罢了。

货币对于资本或实在财富，正像字母对于书写出来的文字一样；并且因为后者只不过是包含一些由人所定的记号来表示某一

些声音，所以无论硬币或银行券，不论数目的多少，亦是表示房屋，工具，粮食，或其他任何东西。一切文字的字母都是满可以按着不同的拼合，作成表达这些文字中的各种各样的声音：这些发音字母是不会太少，也不会太多的。但是在我们的货币字母里边，我们从未曾跟着这一简单和自然的计划，来摊拨足以达到目的所需的手段。我们一直就让它，无论在哪方面，都停留在缺乏的状态之下。老老实实的说，货币只有一个声音，并且这一个声音就表示一切的东西——**凡是它所到的地方**都是如此。但是二个字母所凑成的go（去）不能变成四个字母所凑成的good（好），所以现在存在的货币，也不能代表一切应该是这样地由它代表的东西了。我们现在固然可以用货币来代表一只马、一座房子、一个城市或一个州郡——我们固然可以通过货币的媒介互相交换这些东西——但是到了最后，我们就不得不停止交换，因为货币的数量是有限的，而且一切所留下的财富就将没有货币来代表了，亦是没有一种媒介可以用作进一步的财富分配或交换了。

你看，货币的真正性质既然是这样的，所以显而易见地任何一种东西，只要整个社会能够同意，那就不管是金、银、铁、陶器或纸张，都能完成我们对货币所要求的一切目的了。黄金并不是必需的，并且纸币的基础也不是必需黄金的。发行纸币或其他交换媒介所必需的，就是要有可以做基础的实在产品就好了。在联合王国里边，就有300万座以上的房屋，15万艘的各色各样的船舶，并且还有数也数不尽的各种器械和机器。一切这些东西，都是实在的资本——就是有助于进一步生产的东西。我国的全部财富，约计500 000万镑。但是在现在的制度之下，这一庞大的资本，简直就没有任何一种东西，可以说是它的代表；因为在这个国家里边，其所有的货币总额，也到不了一亿镑。可见这一数额的货币，倘使必须有所代表，也只可以代表一部分的实在资本罢了。

现在流通着的货币，其相对数量，既然是这样少，同时还要经常波动，致使一切的人都受到了种种损害，并且还要引起了在我们四周所见到的情况，达到如此不平等的程度。虽然我们早已就知道在流通着的货币愈多，它对于贸易就更有利，而且货币的缺乏，一定要使商业消沉；但是这些经济学家，迄今尚未想出任何有效的计划，使所需的货币不至感到不足。在现在的制度之下，我们常常将交换价值的真正标准——生产成本——完全置之度外；而只知一切东西的价值，是在流通着的货币数量的多少来决定的。例如，一座房屋原来是值1 000镑的，但在另一个时候就只值 900 镑了，而且这种一前一后的情形，还是在房子的确是有需要，而且是有实在价值的时候发生的。不然，倘使在联合王国里边，现在忽有一半的人因拟移居异域，要将他们的房屋和土地立时出卖，恐怕就办不到了。就是全世界的钱都凑在一块来购这些东西，恐怕还是不够的；并且倘使按着现在的贸易原则和制度以及现在的供求作用来说，那么等到最后，就是 50 间房子的全部代价，在这种出卖开始时，恐怕也只能等于一间房子的买价罢了！

一国的交换媒介或货币，在一种必须有货币的社会制度之下，应该是有充分的数量，足以代表一国的全部固定资本，亦即所有房屋和各种机器，完全都能够用之于推进生产的。至于流通媒介本身的实在价值或固有价值，乃是一个无足轻重的问题。货币所必需的品质只求其是：1. 不易假造，2. 便于携带，3. 能代表大的或小的价值,4. 耐久不坏,5. 易于去旧换新。大概在我们所知道的物质之中,其能有这些品质者,都不如纸张了。

对于一种不断流通的媒介——好像现在的银币和铜币——所需要的耐久不坏性,可以采用陶瓷制成的通货来解决。在现在的科学水平上,这一种性质的美丽合用的媒介,是不难产生的。虽然这种媒介,也有像金,银,和铜样的每一种品质,但是它的生产成本,可以比银币或铜币减少到微不足道的一点数目,而它的产量却是可以大到几乎没有限度的数量,并且我们还可避免现在因为铸币的金属常从一个国家转移到另一个国家所起的经常波动。就是在现在的时候,大不列颠与其他各国所进行的交易,几乎也不需要金子和银子了;而在共有共享的制度之下,它们就可以完全被放弃了。现在金子和银子大半都是在商品的形态之下,从这一国流到另一国的,而不是为了偿还所欠的债务用的。这一种的波动以及金银的生产成本和硬币的经常铸造和再铸造的所需费用等,就可使金子和银子完全失去构成一种流通媒介的条件了。

一切的国家,都还没有照着任何有关它们的交换媒介的真正有系统的计划去做。普通的人也难得去追问,怎么一张小小的银行券,能买一套衣服,而一张较它大到 50 倍的新闻纸,却买不到一个面包。这种情况,并不是由于银行券的固有价值是大到这样的程度——因为它的本身价值是比新闻纸还小——而只不过是由于社会习俗的根源而来的。银行券之所以产生,本来只是作为黄金的一种替代品;而且因为大家一致承认的缘故,它就成为一种虚拟的,一种仅有代表价值的标志,与它本身的固有价值完全脱离了关系。倘使银行券与新闻纸交换了地位,当然新闻纸所起的作用,也会像银行券一色一样。黄金之所以能够在这样长的时间里维持了独尊的和普遍尊崇的地位，与其说是因为它有特具的品质之故，还不如说是因为一种大家一致的习俗之故。黄金在铸币以后，就只能当作实在资本的代表来看了。黄金既然是这样地代表资本，而银行券是代表黄金，所以我们没有理由不让银行券直截了当地就代表资本，而无须黄金再介乎其间了。

联合王国的大部分商业性质的交易，多年以来就是通过纸的媒介，如银行券，票据[①]等等来进行的，而这些银行券和票据等亦都被视作黄金或资本的代表了。但是现在全国的货币，如金，银，和各种票据等，倘使一旦竟完全被毁，可是这一个国家的财富，并不至于损失多少，虽然在名义上是损失了价值极大的财富或货币。这一损失立即就可开发数值不同的各种银行券和票据来弥补起来；并且在一个短时间之内，一切营业就将照常进行而且商品的交换完全是通过纸币成交而不需纸币和金币的混合媒介了。但是倘使所消灭的或毁坏的是房屋和器具等实在资本，我们就将堕入比现在所有的乞丐还不如的贫困境况了，即使国内每人的钱袋里边都有一万镑的金币。照着一般的说法，我们将成为世界最有钱的人了，但是实际上我们将成为饥寒交迫穷苦到远不如现在的野蛮人的最穷的国家了。那么在我们之中所能看得到的，只不过是一幅大大的贫乏荒凉的图画而已。

我们在这里就可以看到金币，银币，和银行券等，如果是同那

① 当时风行的商业票据是本票(promisory note)，还不是现在风行的汇票与信用证。——译者

些真正是财富的东西分离之后，根本就毫无一点价值之可言了。只有真正的财富才能使硬币和银行券可以有价值，而不是货币能使劳动的产品会有价值。当然我们也不能否认这一可能，倘使在联合王国里边，每一工人忽然得到了 100 镑，恐怕整个社会的面貌，无论在工作和食物方面，就大大的不同了。每一个缺这样缺那样的人，现在就要购置一切必需的东西了，并且现在的苦闷情形就将变为狂喜和愉快了。可是这样的一次黄金涌入，同时并未使我国的财富，增加了像一个面包那样大的价值。但是它却能给贸易带来一个大大的刺激，因为它将使千千万万的人进行生产俾能填补因有这笔镑而使他们加多购买和消费了的各种商品。有一些人或者也可以共同组织股份公司，并且就可以立即从事生产工作，因此生产将得到一种前所未有的刺激。倘使每人所得到的并不是黄金，而是英格兰银行的钞券，其所产生的结果，亦将是一色一样的。但是在一国之内，倘使没有房屋或机器或其他任何真实资本可以供人从事工作，那么即使金币或银行券是这样地发行了或得到了，亦是不能产生任何效果的。照着我们现在所处的情况来说，这样地增加货币数量，只能增加现已存在的财富的代表数码罢了，并且能够使一些原来缺乏财物的人，现在可以通过交换，从样样都是有余的人那里，获得一点东西。但是倘使没有一点实在资本来作货币的基础，那么无论金币或银行券，都是根本不值一钱的东西，因为它们所能够代表的财富还未创造出来。

这样看来，倘使我们说起由于货币不足而来的种种社会祸害的问题时——我们就不能否定或否认我们对于在生活上所需的舒适品和便利品的要求是极其普遍的——一切这些东西是劳动所产生的——吸收这一切劳动的原料是绰有余裕的——维持一切劳动人民的粮食也是绰有余裕的，同时他们还可从事生产其他所需的粮食和物品——劳动从事工作是必须有资本的帮助才可——资本是可以有效地用纸币来代表并且可以由纸币的媒介使之发生作用的——所以我们要一一指明，在我们的特殊情况之下，我们可以继续不断地增加流通的媒介，使劳动立即活动起来，并且这样就大大地增加财富的生产，同时也会将这种生产的一切利益，普遍地传播开来。成千成万的人们现在都是遭受到失业和贫困，因为没有任何人能使他们从事工作——他们不能从事工作的理由，只不过是因为他们自己或别人是没有所需的货币。其他的理由是不存在的，而且也不能存在的，因为我们有的是绰绰有余的劳动，原料，机器和器具，同时人人对于生活的必需品和奢侈品亦有广大的需要。

一切这些关于货币的性质和使用的探讨，就替生产阶级展开了一个大大的行动园地，并且指出了一条道路，使他们可以从此逃避他们现在所受的一切苦痛，并可将他们自己从资本家的摧残到人的灵魂的统治下面摆脱出来。生产阶级的人将会知道对于这一简单题目的知识，乃是最有力的杠杆之一，可以用来破坏现在的制度。

关于流通媒介或“通货”的问题，几乎没有一年是没有一种呼声，从劳动的敌人的阵地里发出来。这种口角和喧闹的发生，都是在地主资本家与商业资本家二者之间决定哪一个应在全国的分赃之中，得到最大一份的时候。劳动阶级对于这一桩事是不容置疑的，他们的利益根本就不必考虑的，而且这一方或那一方的资本家的胜利，都不会使他们得到任何利益的。但是生产阶级的人如果能看清现在的货币制度，他们对于这个问题的决定，就不至于不发一言了。任凭资本家怎样的想法，他绝不能凭着人的才智，创造任何一种手段，使他能够对于他的同伴，运用这样大的权力，好像现在他竟通过银行制度或货币的发行和创造的手段而得到的权力一样。这就是资本家由以获取武器与劳动阶级斗争的军械厂，并且就因之战胜了劳动阶级。在资本家们掌握这一个可以造福或作恶的巨大机器的时候，在一个特殊阶级不受其他阶级干预而独霸货币铸造和发行权的时候，这一个有钱的阶级，就敢公然反对目的在于改善劳动阶级的生活状况并且要将他们从资本的链条中拯救出来的一切政治社团，工会和其他一切性质相同的机关。

为了要对于这个题目的这一部分可以看得更为清楚，我们只须考察一下这班经济学家对于货币问题说点什么就好了："为避免在物物交换里所必须损失的时间和必须遭受的困难，我们就可以采用一种交换的媒介——就是一种商品，能为大家一致承认作为促成其他二种商品的交换的，它先是因与一种商品交换而得到的，而且其后是因交换其他商品而拿出去的。"经济学家们对于货币的性质和目的的说法就是如此。但是在这个有关货币始末的简述里边，这些交易的初步情形并未顾及，而所看到的只不过是最后一段的运动罢了。关于谁是原来生产这种"普遍地得到承认的商品"——即货币——的人，并且谁是原来拿出它来交换第一种商品的人，都是没有说到；同时也没有说到谁是产生换得货币的第一种商品的人。从事于这一桩交易的人，明明只能从这三方面来的：第一就是拥有这种"普遍地得到承认了的商品"的人，并且第二和第三就是拥有第一种人所愿交换的商品的人。这里面就隐藏着银行业务与赚钱诡计的奥妙。

上面所引的这一段话的真正意义，只不过是如此：某一些人是生产或制造一种交换媒介或货币的，凭此他们就得到了各种商品。倘使与某种商品交换的媒介是与该商品的价值相等的，这种交换是公正的；但是这个媒介的价值倘使是较低的，甚至于是没有任何一点价值的，这一桩交易就是一种盗窃，自应由那些制造这种媒介的人负其全责。若要二物在交换中价值相等，那么它们的生产成本，必须是相等的。普通的流通媒介都是用纸张和黄金制成的——前者是一文不值的，后者的主要价值是从生产它的所需的劳动量而来的。我们已经看到资本家是不劳动的，所以他是不能产生什么的；但是因为黄金原来只能是靠劳动得来的，所以资本家与黄金的生产是毫无一点关系的。可是一切的黄金，却已都归资本家所有了；所以他们在交换时，一定是从生产黄金的原主那里骗取了黄金的，否则就是他们从那些以商品交换黄金的人那里骗取了商品。关于开采黄金的种种暴行与蛮横无理，乃是昭昭在目的事实。但是与联合王国的生产阶级关系较密切的，乃是第二阶段的交易。现在的流通媒介，就像经济学家们所说一样，乃是资本家们或银行家们所制造出来的——在他们之中，有的是独立行事的，有的是与现存的政府发生联系的——并且我们都知道银行家们从别人的手里所得到的商品，都是由这种交换媒介或货币所换来的。这些第二类的人们，又将他们的货币向第三类的人换取别种商品；并且按照同样的原则——以价值换价值——这样的交换，在接连而来的人们之间，继续进行下去。这样看来，除了第一回的交易——即银行家与得到他的媒介的人之间的交易——以外，其余

都是以实在的价值与实在的价值作交换的，并且在这第一回的交易里边，就是按着经济学家们的表示，也是有了对生产阶级所犯的一种卑鄙无耻的和鬼鬼祟祟的盗窃；因为显然是这种媒介的制造者——银行家，资本家，以及其他寄生于劳动阶级的血汗的人们——并没有拿出实在的等价物，而只凭他们自己的媒介，在交换中取得各种商品，而且这种媒介的借用者，大半都是也像这种媒介的制造者一样，同是属于不生产的阶级。可是他们所要的利息，或称之为借用货币的代价，乃是他们通过不平等的交换，预先就已从劳动阶级那里所得来的财富！这样看来，可见生产阶级所给予金融资本家们和商业资本家们的，乃是他们的劳动——他们的血汗——而资本家们在交换上所给予他们的，乃是什么呢？他们所给的，乃是一团黑影——一堆废物——一纸"银行券"罢了！

在现在的制度之下，流通媒介的制造，已经成为一种行业，正像制造鞋子和帽子的行业一样了。一个人或者某一数目的人们，不管有财产或没有财产，都能按照某些条例，成立一个银行并且发行货币。譬如 1 000 个人联合起来，成立一个合股的银行，其所有资本不妨定为 100 万镑，共分 1 000 股，每股 1 000 镑。倘使这些人是确有或者是以为有实在的财产，价值与各人的股份相等，他们就可以即行制造或发行名义上价值 100 万镑的银行券，虽然在他们全部的人之中，事实上或者连这个数目的千分之一的黄金也还没有。但是这些银行券却都带着这种含义，就是它们可以在任何时候向发行的银行兑换现金；而且银行券就凭着这种保证成为大众通用的媒介，虽然人人都知道在银行的金库里所需兑现的黄金数量，绝到不了所发行钞券的半数。大家都以为在这班业主手里的实在资本或者已经创造出来的财富，无论在什么时候出卖，其能换得的钱数，必能与该银行所发行的钱数相等；并且有很多的人就凭着这种绝大多数是毫无价值的保证，天天在这些银行里存入他们的艰苦所得的储金，同时已有千千万万的人，就是因为这种保证不能兑现而破产，甚至沦为乞丐。

在银行开始营业的时候，凡是一个农夫或一个商人，不管有没有财产，倘使信用尚佳，就能从银行家那里借到银行券。为得要使用这些银行券，他就须按着使用这笔货币的时间，对于每100镑的借款，付给银行家一个从5—10镑的钱数。所以，倘使一个人借款100镑，以12个月为期，利息按10%计算，那么他在到期之后，就须付给银行家110镑——这样就比他所借的多付出10镑了。银行家们获得的财富的多少，就是依据银行家所有的这样借款的人的多少而定的。倘使100万镑的资本，是能全部利用，年息以5%计算，每年就能有5 000镑——并且这也是不费业主们任何一种劳动，而且对于原来的股本也是没有一点损耗的！借到这笔钞券的人——不管是商人或投机者——就可以靠着这一笔款使用别人替他工作，或者用这笔款按低价买进商品而按高价出售它们；而且这样不管是按低价买进劳动而按高价出售劳动的产品，或者是按低价购买商品而按高价出售商品，这班商人和投机者不但能够给银行家110镑去抵偿从他那里所借来的100镑，而且他们还能够过着富裕的生活而不须他们自己去劳动。

这里一眼就能看穿获得这样巨财——如100万镑的或50万镑——的人，原来就没有分文，并且也从未生产过有毫厘价值的实在财富。银行制度就是这样的——它就是这样地使那些制造这种

媒介和借用这种媒介的人们都获得利益；并且单靠这种创造货币和使用货币的方式，就已足以对抗各种行业的工人的组合和各种政治的变革，使劳动阶级的人，只能做资本家的奴隶，一直到死为止。

这种滔天大祸，只不过是社会制度的一部一段，凭此就能够在生产阶级身上，每年劫掠30 000万镑的财富。这是不平等交换的原则的表现的一面——这是绝妙发明的一种，用以蒙蔽和隐藏资本对劳动的种种圈套。只要货币是这样制造出来的，并且是由某一些人和某一些阶级发行和借用的，它就会替个人或阶级带来利益——它就会将社会分作富有的不事生产的懒汉和贫苦的劳动者——它就会将链条捆住劳动，一直要等到这种制度的终了时才能解脱。

我们对于这个题目，姑且不作任何的推论，就是只凭日常经验教导一切人们，资本家的力量，绝不是由于他们的阶级比别的阶级具有任何脑力或体力优越性；因为这个阶级，整体说来，就显然是缺乏生存的高尚品质。这个阶级之所以有力量，完全是由于他们拥有货币，即工人阶级所生产出来的一切财富的代表，因为这些货币总是使资本家掌握一切可以用货币来代表的东西。我们在过去的记录上就可以发现极多的例证，说到能力极其平庸的人，竟能开办并经营很大的营业并且成为巨富，推其原因，只不过是靠着借用这种代表——并且事后发觉，亦是从那些像他们自己一样没有一点实在财富的人那里借得这种代表的！但是这样得来的全部财富——银行家的利息以及商人和投机者的利润——完全是从生产阶级那里来的，并且是凭不平等的交换而得到的。现在的制度，彻头彻尾都是替资本家预备方便之门，俾得鱼肉生产阶级；因为这是一种卑鄙可耻的社会习俗的混合物，使他能够永不止息地在工人身上吸取血汗。

在现在的社会设施之下，根本就不会改变这样的情况，使之有利于劳动阶级。至于这样制造和发行的货币，不管是从私营银行或国家银行来的，倒是没有什么关系的。第一桩事情，就是制造货币的阶级本身，即将成为一个常常存在的症结。倘使资本家们是从地里面掘出黄金，并且就这样地以他们的劳动交换别人的劳动，那么在他们与劳动人民间的这一笔交易是太笨了，不过并不是不公正的。但是资本家既不去掘又不去求，他们只发行媒介，凭此获得商品，并且他们又以这些商品去交换黄金。可见资本家的黄金和商品，都是没有消耗任何劳动而得来的。至于它的一般影响，无论银行家所发行和继续保持的媒介是实在的资本或名义的资本，都是不会因此而有差别的。银行家所需要的一切，就是大众人民的信仰。倘使一切分散的私营银行全部退出，而代以一个国家银行，其所得的利润亦都用之于公共的事业，这样对于劳动阶级的情况，并不能有所改善。在现在的制度之下，劳动人民在社会里的地位，永将使他们不能从这样的一个机关得到任何物质的利益。他们绝不能成为借款者——他们绝不能独立自主地用这种资本并且为了他们自己的利益来进行工作——但是他们的工作仍将由别人来支配，并且从他们的劳动而来的利润亦将为别人所剥夺和享受。

资本家们这样无孔不入地掠劫了生产者们之后，还是不能满足，于是他们就想在欺诈方面，精益求精得出空前妙计，现在果然已经如愿以偿，使劳动阶级都能甘心情愿地成为每况愈下的工具。

因为银行券是可以兑换现金的,并且是经常为了这个目的而回到银行去的,所以每一家银行,当然是需要充分的现金以备一些零星兑现之用。所以银行愈多或者银行券的发行增大,则现金的储备数额,亦是应该增大,以备应付紧急的需要。大部分的生产者的工资都是按周计算并用金币或银币发付的;并且因为千千万万的人,并不是将这样得来的款完全都花光的,所以手中总留着一点余款以备临时之需。这种继续不断的窖存,就是少到每星期只一先令的数目,亦将于一年之内,由于几千几万人都是如此,就将累积到一个可观的数额;并且因为这个数额的货币,是要从流通领域退出去的,所以银行里的现金存额就要减少,并且银行家们也要遭遇到难以应付硬币需要的困难了。在联合王国里边,还有一个政府银行,即所称的英格兰银行,就可以看作其他银行都是从这里取得黄金的泉源。可是这一家银行,也像其他的银行一样,亦常有黄金存额不足的情形。就是要消除此项不便,同时还要增加银行的利润,并且还可使政府对于感到不满意的人民,能够更好地予以控制,于是就有某一些诡计多端的头脑,想出了一种所谓"储蓄银行"——这是掌握在资本与暴政手中的一部有力的三位一体的机器。通过这一发明的助力,银行家们的宝库一边刚刚流出货币,一边立即就吸收回来了——政府银行的银行家们,通过让资本家们来用他们的货币的途径也从生产阶级那里吸取大量收入——至于政府本身,就好像是拿住了许多金链条,将一切的人都捆在政府和现存的社会秩序的身上一样了。

在储蓄银行里这样存入的现金,现在政府应对生产阶级负偿还责任的,总额已经超过 1 400 万镑了。——这一个数额的款项,倘使用在破坏而不用在维持现在社会的制度，那么这一个裂口，就没有任何力量能将它修补起来了。这一数额中的一大部分，原来是用金币和银币存进来的，所以在取款的时候，当然也希望取回硬币的；但是在全国所有的一切银行之中，也没有这许多硬币来替储蓄银行付清全部存款。所以对于已经存款到政府手里去的人们来说，这一笔货币可以算是完全都遗失了的。虽然按时请款的人，可以得到一部，但是，归根结底，一定会有人是得不到的。现在的时候，已经有人称之为革命的时代了，并且皇朝的推翻和王国的瓜分，也是年年都有所闻的。倘使在联合王国里边遇到任何事件，要使大众的信心动摇，或使内部发生骚动，因此就使生产阶级的人都是一群又一群的去索款，那么立时就将停止付款，而且只好让受苦和饥饿替他们来解决问题，而他们的过去储蓄，却不能用来减轻他们的困难。我们从过去的经验里就可以得出这样的结论，就是这种限制硬币发行的办法，乃是最有可能的结果，因为在先前的时候，已经一次又一次地这样地做过了——停止硬币的供应。从政府手里既然没有而且也无法能有所需的现金的事实来看，不言而喻地这种结果是最肯定的；而且倘使用纸币来付款，那就像我们在上面所说等于没有一点东西是给出去的了。

生产阶级的人们，就是为得每镑合 6 便士一年的所谓“利息”的小利所诱，不知不觉地落入圈套，替资本家们供应迫害自身的武器，同时还要使得他们多年刻苦所积的一点可怜之极的储蓄，或者遭受风险，或者完全损失。但是这些储蓄如果合在一块，并且用来购买实在资本并使劳动阶级在财产共有和权利平等的基础上，能以主人翁的身份为自己而工作，那就可以在现在的制度之下，产生

一种势力，很快地就会将它（现在的制度）推翻，并且将劳动的敌人的统治打倒和毁灭。

在现在的社会设施之下，货币好像是两极间的一根联络的链条——介乎生产一切东西的与不生产任何东西的两种人之间——介乎劳动人民与资本家之间。通过货币的媒介，凡是劳动的力量所生产出来的一切东西，总是要被资本所劫夺和吸取去的。在一切的事物里边，都存在着一条互相保持均衡的原则；并且凡是一样东西，当它获得一种不是它原来就有的性质的时候，就须放弃其他一种性质以资交换。这一规律就是应用在资本家与生产者身上，也未尝不对；并且生产者在他与资本家交换时所得到的，并不是资本家的劳动或劳动成果，而是工作！通过货币的媒介，劳动阶级不但为了要保持他们自己的生存不得不去劳动，而且他们还要担负别的阶级的劳动。生产阶级从不生产阶级那里所得到的，不管是金子，银子，或其他商品，都是没有什么区别的：实际上只不过是如此而已——就是劳动阶级支出了他们自己的劳动并且维持了他们自己，同时还替资本家支出了劳动而且还要维持他！不管生产阶级从资本家那里所得到的是具有什么样的形式，他们实在所得到的应该就是由资本家们所支出的劳动。

所以货币就是如此——货币就是这样产生出来的——只要货币一天由某某特殊阶级制造和支配，而其他阶级却不能如此，那么它的祸患和弊害就与它的存在一天不能分开。这种独霸的权利，一定要逼得劳动阶级永远只能做资本家的奴隶和工具；而且只有能够推翻现在的制度的一种力量，才能同时拆掉在劳动人民的命运上所加的禁令。

第十一章
一种社会运动的一种纲要

倘使有人以为现在制度腐败的趋势及其不可救药的性质的证据，还是没有充分交代出来的话，那么这班希望较多证据的人，不必走得很远就可以找到了。让我们想到哪里去就去吧——想看和想听什么就看和听罢——想读过去的或现在的什么就读罢——一切的地方，行动，和时代，都有一番同样的故事可以告诉人。历史和经验用烈火和血泪的文字写下了现在这种社会制度，一向就是，现在也是，而且永远只能是一片黑暗和混沌的孽海，其中强权霸道不受惩罚，节操和道德不受重视，有功者不赏，而且寡妇和孤儿的眼泪，既没有人去怜惜，也没有人去注意。这样看来，现在的制度，不管是从它的性质来看，或者是从与它分不开的无可救药的祸害来看，都是不足留恋的了，虽然要想将它破坏，却是不易办得到的。

社会上经常所有的变革，多少总会发生它们的效果。人是进步的动物；并且他之所以要注目到过去的动机，与其说是为了择善而从，还不如说是为了知害而防弊。至于我们将要采取的前进步骤，我们在上面所作有关现在的制度的好坏以及一种较好的制度的建立和进展所必需的要素的探讨，就可帮助我们决定什么是应该放弃和什么是应该保留的了。只要能够留意到这些问题，我们马上就能够约略提出怎样破坏现在的制度的方法，同时在企图改革的人们之中，并不需要改变他们的品性或他们的资本的积累——这二者，几乎就是我们所考虑过的任何一个计划所必需的成功因素。

在联合王国里边的600万成年人之中，约有500万人是参加生产和分配工作的；并且在这500万人之中，只有400万人是属于真正可以称为工人阶级的部分。我们在上面已经指出，在现在的社会设施之下，这一绝大部分的人，只能在每年所生产的财富5亿镑之中得到20 000万镑，平均在这一阶级之内的男女小孩，每人约得11镑；并且为得这一点钱，他们平均每天要劳役11小时。

我们只要对生产原则稍加考虑，就可明白无论怎样多少财富的产生，只不过是需要三种要素，即原料，劳动，与资本；同时还可了解如何运用所有力量的最好方法——通过力量的结合与工作的划分——俾得以最少资本和劳力的支出而获得最大数量的财富。股份公司的经营，就是最好的示例，证明我们在集中力量和分工的基础上所能掌握的力量。这种公司现在不管在哪一方面，都在夺取以前是属于个别资本家和商人的地位和行业；并且近年以来，这种股份经营制度，在实践上所以成为有体系的和逐步推广的情形，就已可使每一个人约略了解到股份制度的力量到底是根据那些行动原则和方法来的。这种公司的庞大势力，在数也数不清的公路，铁路和运河上以及在几乎是每一种财富的生产和分配上，都是人所共见的。我们知道这些公司的势力，完全是从资本和劳动的巧妙运用而来的；并且这是不待言的，凡是在同样的情形之下，资本和劳动的同样运用，亦必产生同样的结果。

我们对于联合王国所有的实在资本和劳动，不管是被雇用的和未被雇用的，可以算是已经有这一番检查了。我们已经查明一笔价值总额并不在 500 000 万镑以下的资本，在现在的社会设施之下，只雇用了大约 400 万的工人和 100 万的半雇佣的分配者——这样使得 100 万人的有效力量，非但没有去用，并且还要误用；同时却又放着足以使一切的人都有工作的土地不去耕种，而且在每一工厂和工场里闲置着的机器和工具不去使用。千千万万的人，现在不能从事生产的活动，以至坐以待毙，推其原因，就是因为资本家不能雇用他们——资本家之所以不能给他们工作的缘故，就是因为他不能替他的产品找到销路——产品之所以没有销路，就是因为需要这种产品的人们，除了劳动以外，就没有什么可以同这种产品交换——并且因为资本家不知道怎样去推动他们工作，所以他们的劳动是无法利用——这样可见现在的制度的种种祸害，都是在一个圈子里转来转去，而每一祸害不但是牵连到另一祸害，而且这一祸害与另一祸害是互相为害的，并且每一种祸害都是不能单独救治的。

所以谈到社会的变革，情形就是如此：在联合王国里边，无可疑议地就有充分的财富的原料，用来雇用所有可以雇用的劳动，也是能够胜任的——这是人人皆知的事实，千千万万半饥饿的人们，是不能从事生产的活动的——这也是已经证明了的事实，在贸易繁盛的时候我们所有的工具和机器是足以供应全部工人工作的——多年的经验已经证明，在国内就有充分的粮食，足以维持全部居民很舒适地从一个收获的季节到又一个收获的季节，同时还

可以用我们的产品去交换任何数量的外国粮食——这也是已经证明了的事实,一种交换的媒介或货币是可以多多的制造出来,使在国内闲着不用的劳动与工具,都能动作起来——并且我们既有这一切所需的要素和便利,为何我们不去适当利用而且获得一切由于这许多因素的综合运用而来的利益呢?

现在姑且不考虑促成这种变革的可能性,我们不妨花一点时间来设想一下,将联合王国里边全部成年的生产者500万人,依照地区及其他情形,组织为一些股份公司,每家约自100人至1 000人——每一单位是由同一行业的人来组成,或者专门从事某一些商品的生产和分配——这些公司,通过租借或购买,就可使用全国的土地和固定资本——它们就可以开始活动起来,并且可以用银行券作为流动资本使之继续不断地进行下去,至于它的数额,按全国属员每人合100镑计算,则500万的生产者以及有关妇女和儿童等,约计2 000万人,共需200 000万镑的资本。假使联合王国的生产阶级,是这样地为了财富的生产和分配而联合起来——他们以200 000万的流动资本一起来经营——他们的一切事务,是由他们所知道的最能干的和就事论事的人所组成的总的和地方的贸易理事会来处理——对于各公司的属员,也像现在的制度一样,按着他们的劳动,每星期发付工资一次——凡是现在股份公司或个别资本家在生产和分配方面所能做到的,难道会有什么是这样联合起来的生产阶级所不能同样做到的么?这些股份公司在我们的四周所做出来到处都能见到的奇迹,就可以说明就是将很有限的力量结合起来也可以做点什么了;并且倘使个别的和没有联合起来的公司能够有这样多的成就,那么几千个这样公司的联合力量——大家都有共同的利益，大家都为共同的目的而努力，并且大家都从一切他们所生产的东西里边得到共同的利益——还怕有什么是做不成的么？

要完成这样的一个变革，只要有几种极其简单的设施就可以了；并且这样的一个变革，立即就可以使全部尚未雇用的劳动，在我们的帝国里边开始活跃起来——它将开始设置的机器是没有任何限度的，同时对于任何行业或任何个人，也是不会有什么损害的——并且这样庞大的劳动与机器的结合，只需要 200 000 万镑的流通媒介来维持就可以了。这一种理想，由于现在社会制度压力的缘故，所以不能马上就实现像这样的一种变革所启示的伟大远景和几乎是无所不能的力量！

这种性质的社会运动，并不要求参加的人们对于他们的嗜好，品性，或习惯要作根本改变。他们都是不必来一套新的设想，也不必解脱老的关系，一切只不过是像他们每年所遭受到的任何简单的政府改革一样。整个的运动，只不过需要最简单形式的合作，好像现在存在于每一行业和每一工场之中一样，里边都是品质，体力，和意见大大不同的人，却能一致协调，共同合作，达成某一定的生产目的。行动的道路已经是这样的准备好了，我们就好像是在修好了而且是熟识了的道路上一样，只要向前开步走就好了。

在这种变革里边，自由竞争是不能存在了；而且这班经济学家总以为自由竞争是生产的原动力的缘故，所以就毫不犹豫地提出警告，以为凡是消除了这种刺激的任何社会设施——这种设施会消除人们对将来的顾虑和对将来利益的希望——将要危害生产并且破坏社会的繁荣与和谐。他们还举出许多实例，说明人们的将来愈是有了保证,他们的努力亦是愈形减低,甚至会疏忽劳动和疏忽财富的生产——甚至不愿自己努力去获得为大家所享受的东西,好像享受只是限于他们自己似的。他们还以为人人都要参与生产的时候,一定是人人都不愿生产,而且各人都想在牺牲他的同伴的基础上而逃避生产。

虽然凭着经验所示,就可以证明这些反对的意见,假使用在像现在这个样子的世界上面,一般都是对的;但是我们已经指出这些意见,在面对一种社会制度,能将人类改造过了的新的品质和种种新的社会设施相结合的时候,或者在面对现在正在讨论的合股制度的时候,那就不能发生任何效力了。竞争只不过是生产的次要原因,盖吾人之所以要争求某些东西,乃是因为他们对于这些东西有了欲望,并且因为,在现在的制度之下,他们只有通过竞争才能获得它们。可见原来使人实际行动起来的原动力,乃是人类对于这些东西的自然欲望,并不是竞争;并且在这种欲望存在的时候,生产将一直向前迈进,无须与竞争联系在一块,也无须倚赖竞争。倘使人人都有很多的工作,我们现在就无须为工作而竞争了;同时也无须为了要有某一些商品而竞争了,倘使每一种东西都是有了充分的生产,足以供应一切人的需要的话。当然人们还是欢喜一同合作而且生产绰有余裕的物品,并且在这种情况之下享受到较高的程度,而不欢喜一半的人是无所事事,而且其他一半的人,因为竞争的缘故,不得不为了只能糊口的生存而劳动。同时也可以无须要有竞争来作进取心和发明的推动力,因为大家都知道多半的发明家和脑力劳动者,非但没有期待或得到任何报酬,而且现在却是在一种贫穷和困苦的情况之下生活和死亡,甚至比最没有脑

筋的使用他们的发明的人还不如。倘使我们以为人们对于他们的同伴将不会尽其应尽的天职，除非是有了一种刺激多少与他们的私欲是有关的，倘使我们以为一切行业和职业的人，若都得到一律平等的工资，结果就会马马虎虎不复顾到生产的多少了，倘使我们以为一切的人对于将来的生活都有了保障以后，他们就不复注意到目前的努力了，倘使这些同样的论调，一一都提出来，作为反对我们所拟订的变革，那么它们最多也只有对于生存在现在制度下的人们，能够发生效力罢了。在合股的运动之下，凡是现在存在的一切能够刺激人类积极性的因素，都是仍将予以保留的——我们仍将有一种公论对于某些行动予以应有的奖励——我们对于将来的给养，也像现在一样，要以过去的劳动为根据。在几乎是一切的行业之中，工人们的生产力虽各相差到很大的程度，但是他们都得到一个按周计算的一定工钱。这种工资率虽然是一律相同，但尚未使人因之而不努力。同伴的工人对于某一个人的意见，就已足以促使他老老实实地努力工作了；何况合股制度——在这种制度之下，每一个人必将得到他的劳动成果的全部——所带来的利益，倘与现在所享有的相比，是好得如此之多，所以一定会因此促成一种普遍的进取和积极的精神。

至于这样的一种制度，在个人和整个社会方面，将要怎样实行的问题，也是容易决定的。我们已经拟定，要组织不限定在某一个数目的许多股份公司——它们的一切事务是由调节全般生产和分配的贸易理事会总会和地方分会来处理——它们的较小的事务，则与现在一样，概由经理和监管人办理——这些公司的成员是照着同样的时间工作，并且是照着同样的工资率得到工资。在现在的制度之下，劳动的时间每星期自40小时至80小时，工资每星期自10先令至50先令；但是在事实上，几乎是看不到工资与劳动时间有任何关系，因为我们常常看到工资最低的人，其工作时数却是最多。但是在股份制度之下，因为从事生产的各种劳动和机器是这样多，所以在短期之内，就将生产充分的财富，供一切的人来享受，而所需的劳动支出，每天却不超过5小时即可。就是在这个制度开始建立起来的时候，每一生产成员最多也不过每天有8小时至10小时的劳动；并且这样轻松的努力，就可使他的所得，等于每小时合2先令。生产成本当然在每一例证上，是要决定价值的；并且等值将常常与等值交换的。倘使某一个人工作了一整个星期，而另一个人只工作了半个星期，那么第一个人要获得的报酬，当然比第二个人要多一倍。但是一个人的这种超额工资，并不是建筑在别人牺牲的基础上的，同时另一个人所受的损失，也不会落到第一个人身上的。各人都会以他个人所得的工资，来交换与他的工资有相等价值的商品；并且这样就不会发生一个人或一个行业的所得就是另一个人或行业的所失的事情了。个人的劳动将成为他的所得和所失的唯一决定因素。

关于粮食生产的设施，好像在各种制造业中的设施一样，也能根据同样的平等原则予以调整。因为土地也像房屋和机器一样，亦可以视之为公共财产，所以土地的一切产品价值，亦将按着一种公平的原则估计，使社会的每一成员都能得到同等的利益。凡是从事农业的人，亦将按劳取酬，而不按其收获的多少取酬；并且丰收季节的利益或歉收季节的损失，都是由整个社会来担负。

在这种的社会合股的新制度之下，正像是在一种较完善的制度之下一样，无论青年和老弱之辈，都是无须他们的父母或亲属受到一点麻烦或忧虑了。至于就业问题，每一个公司对于那些已经由机器替代了他们的劳动的人们，都将开着大门予以容纳；并且他们，因为立即就被安插在合适的工作上面，非但不至于受到自身的损失，而且也并未予社会以任何损失。因为各种工作需要我们去做的是这样多，所以绝不会有劳动过剩或劳动为机器所替代的问题发生。但是倘使有了任何一人或任何一个团体的人，因为对整个社会有利的一种改进而反受害，那就是犯了一种极不公正的罪行；因为每一个人应该各尽其力，替社会带来利益，所以社会也必须对一切社会成员谋福利。但是社会要做到这点，必须先有种种设施，一面要推行普及劳动的原则与实施，一面要经常照顾到人人必能就业。对于大腹便便的资本家来说，他会对那些工人——他们的劳动在现在的制度之下，已经是由机器所替代了的——脱口而出的说：“去找别的职业罢！”可是现在的世界并不能予工人以这样的就业机会，所以他只好与蒸汽和铁对敌，直到做死为止，否则就是因为疾病和饥饿而死亡。

现在我们也不必一一多谈，在一个正像我们所考虑的新的社会制度之下，到底我们能够做点什么并且应该做点什么。在每一种事情上面，我们都有了指导我们的经验，因为现在的运动并不是要采用新的原则和新的行动方式，只不过是将现在存在的原则和方式，应用到一个新的目的上去；而这个目的，就是要整个社会的利益，能够普及和平等，并不是要特殊的个人或阶级，能够高升发财。倘使好好的去搞，人们只要常常将人世间的常识作为本钱，就满可以应付一切紧急的问题了。几乎每一个人，都知道现在公司或个人的事务，无论它们是怎样的多和复杂，都处理得井井有条而且又很准确的。通过贸易理事会的总会和地方分会以及属于各个别公司的经理人，我们就能够在一个短时期之内，很容易地替国家，正像在现在的社会设施之下替个别公司一样，作出以下的种种决定：消费所需的各种商品的数量；各种商品间每种商品的相对价值；各种行业和各项劳动所需的人数；其他有关生产和分配的事情。这样的各种统计，势必达到高度的正确和完备，而非在现在的制度之下所能办得到的。这些简单的平等原则，就其性质而论，都是能够在一切的事务和紧急事故中付诸实践的；因为这些原则，正像航海的人的指南针一样，无论在黑暗或阳光里边，无论在狂风暴雨或平风静浪之中，都是能够作我们的向导的。

我们正在考虑的社会改革，固然立时就可产生很大和很有利的结果，乃是达到我们所讨论过了的更为完善的变革的一个前奏曲。就是胆小如鼠的人，也不会在这个运动中受到任何一点恐慌。我们并不希冀社会能够立时就变得尽善尽美，我们也并不希冀那些与我们的年龄和体力同时成长起来的不良习性和错误，能够在一分钟内就铲除干净。但是既然绝望的贫困和反常的劳役，当为更多的财富和较为安逸的生活所替代——既然比较现在更为完善的设施，要使教育普及——既然现在一切阶级间的狭隘见解和乖离的同情，要扩大和调整，并且一切的人，必须对待他们的同伴好像一个大家庭里的自家人一样，大家都应利害相共，并且向着一个共同的目的前进——所以社会才能在不知不觉之中，一点一点进入我们所向往的境域，并且成立最高阶段的文化所必需的种种制度与习俗。

每一个全体只不过是一切支体的总和，并且一个国家总得分成许多团体或某些部分。因为在现在的制度之下，家族是由个人构成的，并且城镇是由家族构成的，所以在合股制度成立以后，恐怕仍将如此。现在城镇和乡村里边的人口分布，虽然不是很好，但不立即予以更动；同时现在的房屋，虽然是不卫生和不舒适，亦不立即毁坏和重新建造。我们对于我们的现在习惯，工作，和行动方式，或多或少地已经沾染了一种恋恋不舍的感想。我们在精神上已经不能依照一种更完善的社会划分去做，将它分成由许多家族构成的团体，其中是一心一德，并且也只有一种生活方式。在现在的时候，我们的社会尚未具备充分的知识，充分的道德，或充分的诚意，来建立这种制度。人类的心久已为桎梏所羁束，所以对于在将来的母胎中孕育起来的伟大的和光荣的命运，尚且不是豁然就能觉悟到的。但是倘使我们不能立时就做到尽善尽美的地步，我们也必须排除一切阻碍，将未来美景的种子先种下去。

虽然社会总是要分成各部分的，但是各个部分并不一定要将这种互相冲突和对抗的关系常常维持下去，不比在社会仍分为贫和富二个阶级时一样，这种互相冲突和对抗的关系必得维持而且永将维持下去。人并不是自自然然就是人的敌人；同时一个人的利益，倘使不与别人冲突，他是不愿与人为敌的。在合股公司里边，这种冲突是没有的。倘使一个股东通过公司得到或失掉任何一点东西，其余的一切股东也是如此；并且这种利益的普及性和平等性，现在并不在其他的情况之下存在。所以或者在社会的股份分配之下，或者在共有共享的原则的任何其他形式之下，劳动就会普及并且报酬就会与劳动成比例，任何一人的利益就等于是大家的利益一样；并且这样的利益互惠与平等，将从一个公司推广到一切的公司。

所以我们如果看一看现在所看得到的社会——包括它的一切不合理的习惯和成见，它的安排不妥的和便利不够的住所和生产方式，它的下流之极的嗜好以及它对生活享乐资料的瞎花瞎用——我们就知道没有任何一种社会设施，能够像共有共享的原则在合股的形式之下的社会设施一样，对于在应用上是这样宽广并且在效果上是这样巨大的力量，都能使之发生作用。这样的一种制度，在财富的生产和分配方面，自然是很简单的——它将尽量保证交换的平等，并且将使每一个人获得工人在现在的制度之下绝无所知的真正自立——它将立即减轻由于工作过少或过多的缘故所产生的贫困，犯罪，和邪恶的习惯——它将使年轻的，年老的，和有疾病的人得到温饱而不令他们受到一点麻烦或使社会受到任何损失。在这种社会设施之下，一个阶级的就业，并不像现在一样，一定要依靠另一个阶级；同时一个人的所得，并不再是另一个人的重重损失了。

经济学家们对于较为完善的共有制度所持的反对理由，并不适用于在合股形式之下的这一原则。现在的努力并不能视为只不过是试做一种实验罢了——也并不能视为是在黑暗中找路——也并不能视为是普遍的无情，贫困，和没有道德的预报。社会将在这个变革之中，自始至终，都依照我们已经熟知了的原则去做——日常的经验可以证明，这些原则在更形广泛地采用之后，就将比例地更为有效和更为有力了。我们只要将一个要完成一个一定目的的少数人的组织，变成一个为了同样目的的全国人民的组织就好了；

而且因为合股公司是比个人的力量较大，所以由于一切这种公司所构成的国家的力量，也比任何一个孤独的集团的力量较大。

一个没有限量的财富的生产和分配，对于社会的福利，虽然是第一要素，但不是唯一要素。其次一类重要的社会设施，就是有关整个教育的那些设施——有关德育和体育的设施——有关各人的权利和义务的教育的设施——有关各人整个品格如何形成的设施。这一个伟大目的，在合股的社会制度之下，就能够很快而且很有效地达到的。我们的时间与财物，现在这样地滥花在教育方面，非但立即就能纳入正确的途径，并且还能步步增加——那种令人堕落的情况，亦即现在或多或少包围和影响每一个人一生的情况，亦是很快就将消灭——并且每一个儿童，都可以无须父母的操心或关怀，或整个社会的任何损失，而获得最好的教养。

在合股制度之下，亦即在更为完善的社会形式之下，我们可以为妇女和儿童的生活作适当的设施，使得他们的生活所需无须依赖丈夫和父母。倘使完全凭理性来看，儿童的抚养和教育都由父母负责这一桩事情，乃是大家都这样做的社会制度的一个显而易见的极大缺点。我们可以老老实实的说，一切的父母都有一种发乎自然的心愿，要为他们的儿女打算——就是在禽兽之中，也存在着这一种同样的刺激力量，使父母为儿女努力——所以我们可以由此推论，凡是要成立一种制度，将教养儿女的责任推到整个的社会里去的，那就是要违反并破坏人类发乎自然的心愿的。这样的一种反对理由，是从对于这个问题的狭隘见解而来的。凡属父母所固有的情感，都是不能毁灭的，非但人类如此，就是野兽也是如此；但是这并不就等于说：因为人类正是与野兽一样也有这种情感，所以他们也应该这样的做，并且各人都要为儿女在幼年时候照顾一切。我们在生活方面所处的地位，与其他任何与我们同处的动物是不同的；并且我们所有的才能，确是比我们所知道的各种聪明的动物中任何一种所有的才能要高得多。我们在任何事情上面不必和他们一样；并且虽然人与野兽对于他们的儿女，都有同样的自然情感；但是野兽之所以要保养幼年的儿女，完全是由本能所指使的，而我们人类则于本能之外，尚有理智来指使的。所以本能虽然常常使人类为他们的儿女打算，唯有理智能使他们将这一桩事情按着最有效的方法去做。

千辛万苦的经验，对于一切的父母，尤其是劳动阶级里边的一切父母，指出了现在的社会设施对于儿童的保护和福利是不完备到怎样可悲的程度了。现在人类一切的苦闷，大半是父母对于儿女的保养和幸福的焦虑。劳动人民因为为得他们的儿女着想，是怎样长时期地和低声下气地为人服役——他们是多少次吞声忍气地受了暴发权贵的那种傲慢暴行——他们是怎样地咬紧牙齿忍受着至可痛恨的现在的社会制度所加于他们身上的每一根链条的伤痕！原来一颗不安的心，就是常常悬着似的，何况每一想起儿女的前途，就要发生恐惧和疑虑——此二者皆非为父母者的幸福的因素。由于现在社会设施的不合理，人类已经是与禽兽差不多了，而他们所自夸的理智，并未使他们在保育儿女的任务上做得比禽兽较为优越。从整个社会的观点来看，社会在它的组成，结构，和目的上，应该只知道有整个的社会，而不应知道有这种狭隘区别，好像是父母与儿女的狭隘区别一样。每一个儿童应该是视作属于社会的儿童，并且应该受社会的保护；同时社会对于年老的父母也应该是像一个养着父母的好儿女一样。每一个人，除了他与别的人们的自然关系之外，同时还有他与整个社会的关系；并且就是在现在的制度之下，社会对于它的成员，因为成立刑罚或保护的一切设施，就已默认这种关系了。但是在社会有了一个合理的组织之后，我们就将，同时也应该，完全根除儿女直接依赖父母的制度；并且社会对于它的一切儿女，一面将负起德、智、体三育的培养责任，一面将使他们的父母像一切的人一样，除了出乎父母之爱的抚爱以外，就不必担负任何其他职责了。

这样的照顾儿童，并不予社会以任何妨害或损失。我们已经讨论过了的关于财富的性质和源起的意见，以及我们所有的关于我们的生产力的经验，都可以证明我们虽有充分的原料，但是我们的劳动绝不会太多。在每一个儿童的身上，就已孕育了或多或少的脑力劳动和体力劳动了；因此我们就可以在各种设施之下，实施普及劳动，同时亦注意充分的资本积累，使这一批劳动可以及时发生作用，则每一儿童将为社会带来利益，而并不带来一点损失。从出世的男孩和女孩那里得到利益的，乃是社会，而不是他们的父母个人；所以他们应该向社会索取全套装备。在这种共有共享的社会制度之下，根本就不会存在着任何诱惑的因素，好像现在一样，使千千万万的人过着单身汉和童女的生活。结婚的便利将与结婚的愿望相适应。一切的父母，对于一切儿童的维持费用，都要用间接的方法，通过一定的社会法规，予以协助；并且儿童们这样就不至于像现在一样，甚至为了他们的父母所犯的罪孽，而这样不讲公理地要他们来为之受罪受罚。

那些社会设施要使一切的儿童完全依赖他们的父母来教育和

抚养,固然是很不好的,但是还有更不好的一桩事情——亦即我们之间比比皆是的人格堕落和品行不端之所由起的一桩事情——就是妇女的生活必须依赖男子的社会风俗。妇女在她的职业和她的生活上完全不应依赖男子,正像男子不依赖妇女或他的男同志一样。妇女并不是自然的,并且也绝不能是法定的属于男子的奴隶或财产;但是论起一切有关人类生存的权利时,她与男子同立于一个最为完全平等的基础上。在现在的制度之下,妇女非但是依赖男子,而且是被视为不如男子——因此她就变成他的奴隶和他的玩物——她既无平等的社会权利,亦无参与政治的资格。因为她是受了不良和不充实的教育所贻误,因为骤看起来,似乎她是缺乏智力,难免为人所轻视,其实她的智力是没有得到发挥和运用的机会,并且还被她的寄生地位所贬谪下去;所以妇女现在是锁在专制和虐待的圈子里面,无法可以从那里拯救出来,除非她能完全摆脱那自命为她的主人的人的管束,达到像他不受她管束那样程度。当她从这种统治权中解放出来以后——在她可以无须顾虑到将来的需要而且是成为一个与男子平等的人以后——在她受到种种社会制度的抚养和保护,使她在德,智,体方面成为她所应该是的那样的人以后——那么她就将站到她的真正地位上来了——那么她的心脏和心里的一向还未发觉和现在还没人看重的宝藏,就将要流泻出来了,并且她对于男子将成为"与他正好相配的帮手了"。

这样的社会合股改革,将在一个短期之内,作好采用种种社会设施的准备,以期完成一切这些目的以及其他可以更代的目的——就是仁者所向往以及智者所能发觉的将为社会带来幸福的目的。我们为了哲理的探讨以及发明和实验工作的进行,就将成立各种国家机构，其中所需一切设备，凡是人类完全自由的机智和劳动所能创造出来的，都将应有尽有。凡是老弱之辈亦能得到照顾，因为已经不中用了的劳动，由于在较好的日子里曾经作了一番诚实的努力，现在亦是应该如此优待——并且这是一种权利，而不是现在的人所感到的周济和施舍。个人和公社的一切损失，不管是因为火灾，船舶遇险，以及其他灾害的缘故，按着公正的道理来说，应该都是由整个的社会来负责的。我们的国家将成为唯一的大大的获利者或损失者；因为我们的社会将成一个庞大的保险公司似的，只是其所得的利润，是人所共知的，而其所受的损失，却是人所不觉和不见的。

这种制度建立以后，我们现在所受种种社会的，政治的，和宗教的迫害，而且也是多少世纪以来我们与之对抗而没有一点效果的一切迫害，几乎就可立即消灭。刻薄将失去它的地位，宽厚将继之而起；并且将有一种公正的，自然的，和合理的权利和所有的平等，来继承现在的一尊一卑和一主一奴的制度——在那种制度之下，不但各人都处于敌对的地位，并且还普遍地存在着一种习以为常的伪善行为，淹没了人与人之间的发乎自然的同情心和慈爱心。在这种合股制度之下，就像在现在的制度之下一样，每一个人都是听其自由尽量累积资金，并且也听其自由，无论在什么时候和什么地方，都是随他所愿，来享用这样的积累。每一个人的储蓄都是属于他自己所有的，并且对于他的同人们的储蓄是不会发生任何影响的；因为平等的交换以及个人的各自独立，就可以使所有的财富不能成为作恶害人的工具了。至于有关适当的社会治理，社会所有一切儿童的教育，孱弱分子的照顾，科学研究的进行，现在存在的住屋的拆除和重建，道路的修筑，以及解决社会的各种需要和一切紧急问题的机构的建立等等的一切费用，都是可以从征收人人要纳的直接税，或在消费品上直接征税，以及从房屋等等所收的租金等等来源，得到相当大的基金以资应用。

所以，社会有了这样的一番的改革以后，虽然它的整个面貌一时尚未改变，但是它的现状和它的整个内部组织天天会去旧生新，然后不须经过多少时间就会在外部表现出来。现在存在于社会的内心之中并且是真理和正义所不能容许的种种恶形恶状的乖戾和丑态——亦即丝毫不变的道德堕落——即将为社会所未曾享有过的一种贞洁和新生的力量所击退；并且从正义的岩石里所流出来的人类幸福的滚滚清泉，将灌注到一个心又一个心的里面，直到人人都喝到甘泉的水，并且都感到心旷神怡的影响为止。

那么，这一个社会运动的大纲是要让各方的人都来考虑考虑才好：要让那些以为这一社会改革是必需的人考虑，同时也要让另一些人们考虑——他们诽谤一切这类变革，乃是误入歧途的幻想家的胡思乱想，否则就是诡计多端的歹人们的狡猾欺诈。因为这个社会运动大纲，是根据已经确定了的生产原则来的，而且它是完全依照我们所熟知的和一试再试过了的实施计划去做的，所以无疑地它将推动人类，很快地就进步到苍苍生灵所能达到的幸福和完美的最高境域。这一变革将使整个的社会非但能有较多的财富，并且还能有较多的闲暇时间，而且因此就可以消除现在存在着的贫困与愚昧的现象——它将消除现在阶级和等级的划分以及起源于这种划分的横行霸道，不管是在社会方面的或是在政治方面的——并且它将使一切的人，由于采用有利于这一目的的详细规则，都能获得德，智，体三育的改进，达到那样优越的程度，绝非在现在的制度之下所能及得到的。

这样的一种变革，就同我们已经考虑过了的更为完善的变革一样，必须有它的先决条件：就是除了个人的动产以外，一个国家所有的一切实在资本，包括土地，房屋，机器，船舶，以及其他任何可以再生产的财富，都须是整个社会所有和管理的；现在的资本家和雇主的职务及其权力，是要从此立即停止的；社会好像是一个大合股公司一样，由无数的较小的合股公司构成，个个都进行劳动，生产，并且在最平等的条件上互相交换。这桩事情的道理是可以想得通的，并且将这个概念付诸实践，非但是能够想得通的，而且是能够做得到的。

我们对于这个社会运动，一向就只看作是我们所举行的一种变革，并未考虑到如何完成这种变革的手段以及如何将一国的实在资本都归生产阶级所有。我们已经指出在现在的制度之下，我们要得到财富，总不外乎这两个方法：第一是通过劳动，第二是通过贸易。第一是靠我们自己的努力来的，第二是凭着不平等的交换从别人的努力来的。金银币和银行券都是财富的代表；并且一个人，不管用什么方法，倘使得到了这些东西，他就能看到许许多多的人，情愿拿土地，房屋，或另外任何东西来与他的钱币和银行券交换。我们也已指出钱币与钞券所以能有价值，只不过是因为能在社会里通用之故；并且这种价值是靠着实在资本的存在，而钱常与钞券只不过是实在资本的代表罢了。

我们可以用实例证明一个国家的贫富，并不以人民所有的金银数额为标准，而是以国家里边的房屋，船舶，机器和商品为标准；

并且我们现在倘使没有这些东西，同时又与其他国家断绝往来，那么我们中间每一个人，虽有百万镑，亦是要像这许多即将饿死的乞丐一样，因为我们之间并没有任何维持生命的东西可以互相交易。但是在现在的社会设施之下，一个人将拿出他的实在资本——他的房屋，机器和粮食——去换取毫无实在价值的代表，即金子和银行券；并且他之所以这样做的理由，只不过是因为根据社会习俗而来的经验，他就相信他能在任何时候，可以用他的金子和钞券换得某一数额的实在财富正与它们的面值相等。他知道这种货币会依着数量的大小，替他换得将来的 20 年至 40 年所需的衣食住或其他生活所需的东西。至于在他得到这种货币保证——保证他能得到实在的财富——的时候，到底有没有一点这些东西存在，那是无须去考虑的：他知道在某些地方总会有一些实在资本正合他所有的货币的数额，并且他也知道一切的人都会替他服役或拿各种足额的实在财富来向他交换这种金币或纸币。我们所以都用货币来买卖并且都拿出实在的东西来换它的代表，就是因为我们都有了这些想法的缘故；所以根据同样的原则和同样的手段，劳动阶级也可以从资本家那里，购得那些由于现在的不平等交换制度使他们获得的巨大积累。

我国的实在资本的价值，我们已经估计为 500 000 万镑了，并且我们也已指出每年在联合王国里边所产生的财富约值50 000万镑，其中由劳动阶级所得到和所用去的尚不到 20 000 万镑。倘使劳动阶级只不过是照着现在的标准来维持他们自己的生活，同时他们即使只能每年生产 50 000 万镑的财富，那么他们在 17 年内所能生产的财富，满可以购得这个帝国现在所有的全部固定资本了。但是我们已经指出在现在的制度之下，他们的地位和他们所负的重担，就不许他们累积相当可观数额的资金；所以要用这样的方法来消灭这种制度，恐怕只能是经过许多世纪以后所能想望得到的一桩事情，而大多数的劳动人民还须在这一个长时期内受到现仍存在的社会情况所带给他们的一切祸害，其严重程度并不见得稍稍减轻。但是因为任何社会变革的成功，必须将全国的实在资本都为生产阶级所拥有才可——可是因为他们必须用收购的方法得到这种资本，同时因为在现在的情况之下，甚至于在许多年代之内，他们也无法累积足够的财富来收购这种资本——所以生产阶级的人们，不言而喻地仍旧必须做资本家的鱼肉和奴隶，除非他们能够采用一种计划与以往所用过的完全不同。

这种计划的发现和采用，并不是一桩难事。为得要达到所欲达到的目的，让我们用一点儿工夫来想一想生产阶级的人们对于这一种社会变革的欲望，几乎是普遍存在的——每一行业就在它的内部成立一个将来的公司的基础——成立并召集一个由各公司代表组成的临时政府——发行定名为一定数额劳动和镑的纸币和瓷币来替代现在的交换媒介，并进行将来在社会里的交易——并且这样联合起来的生产者要与资本家协商，而且将所有固定资本由资方转移到其他一方。

在这些推想之中，没有一条——甚至包括最后一条——是办不到的。这一运动的成功，并不需要全体资本家与生产者，对于这个问题的解决办法，能够双方立时同意。这个变革所能完成的程度，就不妨限于资本家与生产者所能同意的事情上好了。但是，假使双方都情愿依照所提出的条件成交——资本家得到付款凭单并交出他们的产业——大量没有就业的劳动和现在存在的机器开始工作——新的发明和新的用具在生产事业中予以采用——生产阶级所汇合起来的劳动与力量都集中起来，并且都向着一个共同的目标进行——200 000 万镑的全部债务不难于 20 年内付清，同时资本家们可以安心地随其所好来享用这笔巨款，并且对于这个包围着他们的忙乱世界可以不闻不问。

什么是有碍这样的一番事业的真正困难呢？在一方面，我们只要能够团结和努力就可克服一切困难；在另一方面，我们只要能有信心就好了。至于全国的实在资本的收购办法，正像我们所考虑的一样，当然是要依照合乎法律和合乎情理的购买手续，完全像卖主和买主间现在所进行的任何交易一样。这个合同虽然是奇大无比，但是它的性质却不因此而更改。倘使劳动阶级对于所要的东西都可用黄金预先付款，那么许许多多的资本家就能甘心情愿来做这桩买卖了。况且同样的产业出卖给熟悉的资本家时，即使没有黄金也是不会遇到一点困难的，因为只要出了一纸凭单，作为在将来某一时候付款的保证就好了[①]。倘使一个劳动人民用黄金来向一个资本家付款，或者这一个资本家对那一个资本家用黄金付款，他只不过是用劳动所产生了的东西的代表来支付——倘使他是用一纸债券订明在将来某时付款，他只不过是答应用劳动将生产的东西来支付。可见无论是过去的，现在的，和将来的关于资本的交易都是靠着劳动来履行的。事实既然如此，为什么我们不能用劳动本身来购买东西呢？为什么劳动债券——亦就是在将来

① 这种凭单就是金融界所称的本票。——译者

的一个时候用劳动本身所生产的东西付债的——和资本债券——亦就是现在用同样的劳动所生产的东西付债的——二者不能有同样的价值呢？[①] 倘使我们对于资本家的机器和房屋是能立即用黄金付款的，这些金子也不过是一种凭据，保证他一定能够得到其他财富，其价值将与他所交出的东西完全相等。倘使给以债券，这也是一种凭据，保证我们必须按照合同切实履行。资本家现在情愿用他的商品来换取黄金和票据，就是因黄金和票据是通用的流通媒介；而且在我们所计拟的变革之中，生产阶级所发行的钞券，既然是同样的流通媒介，当然它们无论在哪一方面，都会像黄金一样地有价值。倘使资本家对于合同的履行义务要有所保证的话，试问全国人民的保证难道会不如个人的保证么？个人失信的例是数也数不尽的——历史的每一页都是满载政府欺诈的记录——但是全国人民违背合同的例证，就是一个也找不到。

我们所谈到关于劳动阶级在现在的制度之下所必须受到种种迫害的探讨，就已对我们指出这些迫害是导源于不平等的交换以及因此而来的社会划分，就是将它分成雇主与雇佣者或富者与贫者；并且每一社会变革的目的，就是要消灭在这些阶级间存在着的关系和不平等。因为这是我们所怀抱的目的，所以我们不能希望尚未脱胎换骨的资本家，甚至都肯答应，为了这个目的，出售他们的产业。作为一个阶级而论，他们现在是厌恶任何一种交涉，无论是在怎样遥远的将来，势必从他们身上拔掉统治的权力，毁灭掉阶

① 资本债券以现在的劳动付债，劳动债券以将来的劳动付债。前者指以现金付债的凭单，后者指延期付债的凭单。——译者

级和等级的联络和情感，并且要将现在社会上的高低不平之处完全轧平。但是关于财富的性质，源起，和转移的研究，就已在理论上证明资本家对于他们现在所占有的土地，是没有合乎正义的所有权的，同时他们对于他们所已获得了的大量资本积累，也是没有合乎正义的所有权的。资本家占有这些东西所依据的产权，不过是一种习俗上的权利——就是一般的社会习俗所授予和承认的一种并不受时间所限制的权利。就是一般习俗，在个人的财产与公共团体的利益冲突时，无论是在公路，铁路，运河以及其他的财产上，也都是不管业主的意见，即进行估计这种财产的公平价值，并按所估定的价值对业主付款以后，就即征用这种财产。产权的永远维持，既不管任何可能发生的情况，又不受任何外来的约束，乃是一桩怪事，就是在现在的时候，也是做梦也做不到的。所以这种能使资本家们占有他们的财富的传统权利，虽然在正义的眼里，是像这种使生产者获得他们的一点微薄酬劳的传统权利一样，可是整个的社会，无论在什么时候，都有改变它的现存设施的权利，无须考虑某一个人或某一阶级是否同意。但是对于资本家现在所有财富的收购，按着我们所考虑过了的方法去做，绝不至于使和平中断，也不至于破坏任何一个人的幸福。

至于将许多的生产者联合起来，准备在现在的制度之下，实施一种变革这一桩事情，恐怕它就是在我们的运动中最易办到和最初的一个步骤。就是在此刻罢，联合在各色各样的会社里的生产者们，亦不下于二百万人。几乎每一个工人现在是或者曾经是各业联合工会或同业工会的成员；并且在这一阶级之中，加入互助会的人数，据最近报告，并不下于一百五十万人。现加入会社的人，约有八九百万的妇女和儿童是赖以为生的——总合起来约占人口三分之一。这里就是我们立时可得的充分人力，满可以用来达成任何社会变革或政府变革——这里就是或多或少地结合起来的，组织起来的，并且是有智力的和众多人数的材料——这里就是从现在的社会情况遭受到共同迫害的材料，并且现在就已团结起来为着消除或中和这种迫害的目的而奋斗了。但是在他们发觉现在制度的不可能改善的本质以后——在他们醒悟到他们的命运的固定性和单纯政府改革是毫无一点用处之后——无疑地整个的劳动阶级将团结得好像一个人一样地要求一种社会变革；并且在他们提出这样的要求以后，世界上就没有一种力量敢说禁止这种要求了。单是这一个受压迫阶级的人们，即使只拿出一部分的力量结合在一块儿，并且将这样分出来的一部分力量，现在都灌注到一个目的里边，就能立即拯救他们的阶级和他们的国家，也能凭着一次的运动，就推翻了全部社会组织，并且能够成立各种社会设施，俾得尽量纳福去祸，正像最热心的慈善家所祷祝的一样。

所以这就是完成社会变革的一种方式——这就是社会所拥有的手段，借此就可以达成我们所希冀的目的——这就是社会变革完成以后的结果。这个目的是公正的，这些手段是简单的，这个结局是可以令人满意的。这一变革，因为它的新奇，可以使某一些人一时惊骇万状，或者可以吓倒另一些通过成见的歪曲媒介来看事的人们；但是这个题目一经细心研究之后——就是在好处和坏处以及耗费和享受一经衡量之后——一切这些不乐意和不信任的感想，就将不知不觉地自行消灭了，同时整个的运动亦将稳步迈进，并且会使我们只感到这是司空见惯的常事。在我们所考虑的行动的原则和方式上，真理和正义并没有受到蹂躏——每一个人的德，智，体力量，只会因为这一变革得到改善，而不会变坏——我们也不留下任何途径让**暴政**带着无情的铁链以及长长的军事的和司法的屠杀队伍，混进人民里面，但是我们要永远去净而且毁尽每一个政府祸害的来源。在这个运动里边，既没有任何东西会导向社会的无政府状态，亦没有任何东西会导向种种跟着政变而来的祸害。那么，社会与个人要怕点什么呢？生产阶级只要放心前进就好了，因为**真理**是与他们一道——**正义**是与他们一道——一切的成功要素是与他们一道！

第十二章
现在的制度和财产共有制度的对比

一切有关人类行为的诫令和方式，都是因为人类的知识不足和手段不当的缘故，所以必然是缺陷多端的。因为每一个人的知识都是通过他自己的经验或别人的经验得到的，所以他绝不能，在描写一种尚未存在的状况的时候，就一点儿也不会错地决定个人在这种新的情况之下并且受到新的影响之后的情感和行动，到底会变成怎么样的。我们必须站在过去和现在的基础上去观察将来——要经常接近经验与事实——要将一幅未知的画，用已知的和确定了的各部分的速写拼凑起来。倘使这样地面对原则，行动，和行动的动力，那么我们对于所追求的真正目的动向，可以说是，虽不中不远矣了。

我们已经讨论过了的社会运动，就是有了这样的性质，并且是这样地树立起来的；所以我们虽然不能指出每一琐屑的社会设施，可能会被实施这样的一种制度的人民所采用，但是这种制度所由以树立起来的原则以及它的一般纲要，就将成为一种标准，可以用来测验现在存在的社会设施并且还可与之比较。现在这个年代，对于相继而来的后代，并没有任何管制它们的权力，并且也不能很

公正地为他们制定必须遵守的法律或其他设施。任何时代的人们，同样有他们的自由来加以废弃，修正，或制定。永远不变的事情是没有的；并且在现在的制度之下，虽然统治者和政府总是依着惯例颁布一套成文的法律，申明将来言论和行动的界限必须划分清楚，可是将来总有一天，必须将这样的记录，完全一笔勾销；并且将来在这个世界上，总会人人都有充分的常识，使他们自己就能够决定是非问题，无须向腐朽的羊皮书和虫蚀的大型卷册的权威去请教。

现在的危机，不管它将走向哪里，只不过是事物进展的自然动向——这不过是在惊涛骇浪横行千古而且还永将日益猖狂的世事大海里边，添了一件事情罢了。这是履行人类自有生以来即已注定了的一种使命——这个危机是跟着原始人类情况而来的文明进步现象——这个危机是仍旧在进步着的，即使是在很有文化的希腊和罗马已经堕落到半野蛮的情况的时候了——这个危机是继续前进的，即使是在我们遭遇到法国革命的时候，即使是在霸道和巫术使欧洲的泥土浸渍于鲜血之中的时候——并且这个危机就是在这一刻的时候会在我们眼前经过，并推动我们跟着前进，同时还要毁坏并重建各色各样的政治和社会制度，正像它已经是常常这样做并且将常常这样做一样。现在的运动并不只是地方性的——它并不限于国家，种族，或信仰——它的动作范围是整个的世界。因此在考虑社会变革的时候，我们的探讨并不限于现在存在的社会设施和规则；同时在进行所计拟的变革的时候，我们绝不承认某些制度是神圣不可侵犯的一般说法，不管这些制度的性质或目的是怎样的。一切这些制度是在不同的时候，为得不同的目的，而分别

成立起来的——它们也已在相同的时候，为得相同的目的，而分别修改和订正的——并且正像过去的人们有权来制定和维持这些制度一样，现在的人们亦有同样的权利和力量来毁坏它们。一切这些运动和变革就是革命；并且正像历史的每一页所证明的一样，凡是促成这种变革的祸根，大概都是导源于统治者和政府的种种愚笨措施，想要用利剑和刺刀，来向人民说服：虚伪就是真理，专横就是正义，奴役就是自由。

因为我们是这样自由地想了和做了——我们对于各色各样的原则和行动方式，凡是国家的繁荣和个人的幸福所必需的，都是已经研究过和体验过了，而且我们也看到从不遵守这些原则和行动方式而来的种种祸害中的某一些祸害了——所以我们马上就可以进行一个较详细的对比了——就是现在的社会设施与我们在上面所简述的形式之下的财产共有的社会制度对比——并且我们还要对于那些个别的社会集团所争取的其他区区几种为了要救治现在的社会病害的措施，亦须加以研究。

我们已经讨论过现在社会里边有关贫富之分或雇主与雇佣者之分的阶级区分，都是要完全铲除的——社会里边只许有一个阶级，就是一切脑力和体力劳动的工人们，都一块儿结合在劳动普及的并且按劳动的时间计酬的，许许多多社团或合股公司里边——这些社团就占有了全国土地和生产资本——它们也有一种流通的银行券或纸币，为数约二十亿镑——并且它们互相共同地生产或分配财富，同时还根据平等交换的大原则来进行交换。这一庞大的工联（Confederation of labour）的性质，颇与一个现代的股份公司相似，并且也将采用同样的方法产生它的结果。我们已经讨论过了这个较高的社会形式，与现在我们所讨论的运动相比，其不同的地方，只不过是在它的设施方面。每一运动都是抱着同样的根本目的的；并且每一次运动，将靠着广大力量的正确结合和正确方向来完成的。

在每一种社会状态之下，我们必须有劳动，分配和交换；并且最好的制度，倘使依它所做的事情都是根据交换平等的公正原则去执行的，一定是一种能使我们用最少的劳动支出而能生产和分拨最大数量的财富。在现在的社会设施之下，我们在生产开始的时候就即予以阻碍，因为我们逼使无千无万的人们，只能过着无所事事的岁月，而且丧失了一切可能由他们的劳动产生出来的利益。所以这种制度，并不允许我们来生产和分拨最大数量的财富，因此我们认为是不利的。现在的制度，是一点也没有同交换平等的原则相结合，因此我们认为是不公正的。能使**劳动**发生作用的力量，是掌握在不屑劳动的人们的手里——他们一生就只知消费别人所生产的东西，并且还要压迫和诽谤在他们以下的人——并且他们因此而能终身无所事事，同时还要因为他们在社会上所处地位的关系，毕生只知压迫。所以现在的社会制度，非但是不利于生产的，非但在交换上是不公平的，而且是完全破坏了一切权利的平等的。

但是在正像与共有共享制度分不开的那些设施之下一样，凡是身体强健的人，必须都要劳动，而且必须用智力所能发明的每一种方法，来帮助这种劳动，生产一定是很大很大的。这种普及的劳动，倘使能与平等的交换结合起来，就可以根据平等的原则，调节一切的财富分拨。况且共有共享的制度，要使国家的资本积累听凭整个国家来处理——它绝不许任何一人只听别人如何指挥——所以它是必须常常一律平等地保护一切的人，免受任何一种的苛待。因此不管是在生产，或分配，或拨给方面，不管是在劳动的节省或财富的享用方面，不管是在平等权利和平等法律的建立和维持方面，不管是在国家的强大和个人的幸福所必需的一切其他的事物方面，这两种制度是无法相比的。

至于促进共有共享制度在合股形式之下所必需的社会设施的一般性质，当然是与现在存在的社会设施相同，无须一一枚举。当然全国和地方都要有粮食和其他必需品的累积和仓库；这种产品的分配将由规模宏大的市场或商品出卖处来担任，而不复通过许许多多小商贩的媒介；并且每一种必需品和奢侈品，可以按着它的全部成本，在全国任何地方都能得到，但不会因货物过多而落价，也不会因投机商人的操纵而涨价。一切商品的生产与运输，均将妥为管理和调节，并且除了满足人类一切欲望的自然条件以外，就不为其他任何条件所约束了。整个社会的事务将由总的和地方的各种机构来调节和管理，至于这些机构的成员，将由各公社推选出来。当然要有一个国家银行来发行流通媒介，并且要根据每一合股公司的成员人数或他们的职业的性质，按比例拨交各公司的经理。一切的人和公司，就可以在现在的贸易的原则的基础上，用这种货币来购买各种商品，和做成一切交换；并且还可以采用对个人征收直接税或对商品征收百分之几的赋税的办法，以便积累充分的资金，然后可以从容应付一切紧急的需要。至于发行的货币数量，经常不得超过存在的实在有效的资本；并且它会像人身的血液一样，均匀地流到整个的社会，并带来健康与活力。付给劳动的货

币总是经常准备好了的——劳动也是经常有所准备，要竭尽一切的力量来换得货币——并且这样就一方面可以由货币保证劳动，一方面又可以由劳动本身保证获得货币所必需的商品的生产。这样就能够没有紊乱，没有货物积滞，没有失业，没有贫困；但是生产和积累以及分配和消费，就会自然互相适应起来，并且也会很协调地做出一切共同的成绩来了。

作为这个制度的运用的一个例子来说，我们不妨假定有五个公司，各有大致相等的人数，而且各用同样多少的资本。第一个公司是从事生产粮食的，第二个公司是生产毛织物的，第三个是从事于棉织物的，第四个是担任国内的总经销者，第五个是对外的经销者兼外国货物的进口者。第一个将于每星期或每年付出某一数额的地租，工资，和其他项目的开支；并且它的生产总值，就将与所支付在生产里边的货币或劳动的总数相等。第二个与第三个公司所产生的商品价值，也是这样决定的；并且第四个与第五个经销的公司将从别的公司和别的国家购买种种商品，又将它们运往全国的和地方的各个市场，并且还要加上百分之几的费用，其数约与用于商品在运输和销售的整个过程中所花的额外劳动相等。我们将根据同样的原则并且用同样的方法，在整个社会的任何角落调节生产和分配——因可依社会的需要，作交替的增加或减少，或转入新的用途。不管这些公司的劳动是怎么样的，而且不管它们是建立在哪里的，每一个成员将以工资的形式得到他的劳动的真正价值，并且他将用这些工资，按照商品的真正价值，来购买它们。这样一切的利益就能平等享受，并且个人与公司都不能在别人的损失中得到利益。

因为这些公司的每一个成员的工资，是依据他必须劳动的条件而定的，所以他一定是要工作的。倘使劳动是用在原料上面，它的结果就会形成各种商品。所以由于任何一个公社所付每一小时劳动的酬报，同时就应有与所给的酬报价值相等的某种东西，并且这个等价物是可以从别的人那里换得另一种等价物。这样的一种制度，本来就包含着，不能在现在的设施下存在的，一种能起自动调节作用的原则；并且生产，分配，和消费倘使是结合在一块儿的，其中第一项与最后一项也是贴近在一块儿的，并且这样就形成一个圈子，将整个的社会都圈在里边，并且将每一个人的福利都放到他自己的掌握之中。

在每一种社会制度里边，其最重要而且是居第一位的社会设施，就是有关粮食的生产和分配的。这种设施的缺点，在联合王国里边，是久已昭昭在目，无人不知的了，而且各种救治方法也已有人提示过了；但是因为有了现在的制度的羁绊，总是不能够找到真正的救治方法。现在的制度是准许土地能为私人所有的；并且这种所有制度，因为它能够使一个特殊阶级，来决定在什么条件的基础上和怎么样大的范围里去生产粮食，所以就使社会里大多数的人们，只好唯命是听，任其摆布，并且还要使他们受到贪得无厌所能发明的种种欺诈。土地为特殊的私人所专有的制度，不管在任何情况之下，都已证明是祸害之源的一种社会设施了；并且在土地的面积有限和肥沃不同的国家里边，种种卑鄙和不公正之极的制度和事实，都是由个人所有制产生出来的。在那种情况之下，土地的所有者要向土地的耕种者，以地租的形式，索取产物的一大部

分——他会凭着颁布立法的措施，[①]排斥土地宽广和土性肥美的一切国家的粮食——这样的排斥，就将本国所产粮食的价格，提高到能够对地主交付地租的水平——这些排外的法令，乃是居统治地位的地主们所制定出来的——他们所以能有这种权力乃是凭借他们的财富而来的——他们所以能以地租的名义得到财富，就是因为他们擅取了土地的专有产权的缘故。土地私有，就这样地在不知不觉之中一再将种种祸害带给整个的社会；因为按照这种设施，粮食的产量就要减缩到使千千万万的人都受到饥饿的程度了——暴政也就要发生了——社会上很大的一部分人的劳动，是要放到另一部分人的肩上了——并且不列颠的地主，是能够从生产阶级那里，以地租的形式，每年吸取一亿镑的年金中的大部分。

为了要改善这种情况，大家就要求撤销粮食法令；他们都十分肯定地认为倘使外国的粮食可以自由输入国内，那么本国产生的粮食的价格就会下跌到外国粮价的水平——因为本国粮食的价格下跌，所以耕地的地租亦必下降，地主们放在劳动阶级身上的沉重负担亦将减轻；并且生产者现在每年所损失的一亿镑，将来就会有较大的一部分留在他们自己的腰包里边。

这一种改善办法，正像我们在上面所考虑过了的种种办法的性质一样，亦是没有效力的谬论。我们已经一再指明，劳动阶级所处的社会地位，就注定了他的毕生命运，只能是贡献出大量的劳动，去换取微乎其微的一点报酬——这一点的报酬，并不是根据获

① 指粮食法令或称谷物法令(Corn Laws)。这是维护地主利益的法令，但因新兴资本家们的反抗在1849年最后废除。这是封建势力向资本主义低头的特征之一。——译者

得报酬的人所应得的产品来衡量的，而是根据一班赖以生活的懒汉的人数而定的——所以任何立法的规定或社会的章则，倘使对于这样生活的懒汉们的地位与人数均是置之度外的，那么就其本质来说，一定是一点也没有用处的。从欧洲和合众国的劳动阶级的情况来看，我们就可以看清楚，在现在的制度之下，便宜的粮食并不能产生我们所希冀的任何一点有利的结果；因为他们是迫于现在的社会设施，先要竭力补养贸易和商业贵族的元气而反对粮价的下跌——自由竞争在他们之间产生了到处相同的结果——成千成万的人们因为失业而到处流浪，其唯一的指望只有依赖雇主的恩惠和一时高兴——并且他们所产生的大半财富，将由不平等的交换而转移到别的阶级手里。只要现在的制度一天存在，劳动人民就只能在两种的损失上选择一种。就是从贵族地主手里所挤出来的东西，亦将立即为航运业，制造业，和商业里的贵族所攫取去了。

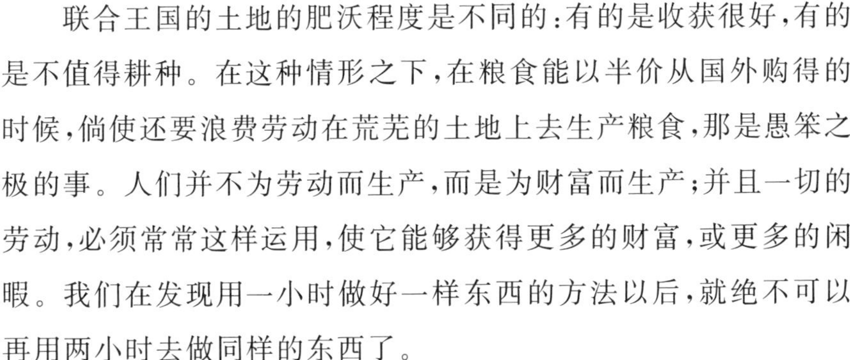

联合王国的土地的肥沃程度是不同的：有的是收获很好，有的是不值得耕种。在这种情形之下，在粮食能以半价从国外购得的时候，倘使还要浪费劳动在荒芜的土地上去生产粮食，那是愚笨之极的事。人们并不为劳动而生产，而是为财富而生产；并且一切的劳动，必须常常这样运用，使它能够获得更多的财富，或更多的闲暇。我们在发现用一小时做好一样东西的方法以后，就绝不可以再用两小时去做同样的东西了。

各个国家的土质和物产的复杂，使世界人类能够解决互有需要的问题，并且因此就可以紧紧地在一切同类的有生之物之间或多或少常常存在的友爱的圈子里靠拢起来。在一直到现在就已存在了的社会制度之下——国与国间以及人与人间的敌对现象是由它而来的——各国在粮食方面各不相倚的情形，或者与国家是有利的。倘使不是能够这样，整个国家的人民，就很可能因为某邻邦的暴君的出尔反尔而早已就饿死了。但是在世界各国都知道平等和共有的原则并都按这些原则去做的时候，这一种的顾虑根本就不存在了。

虽然一切的国家并不是都同样地适合于粮食的生产，但是不见得有一些国家，甚至不能提供任何可以交换粮食的某一些原料或商品的。一个国家在考虑到它需要什么东西的时候，就应该仔细看看它要节省点什么东西，并且什么东西是别的国家的人民所需要的。粮食，衣着，五金与木材乃是不可少的东西；并且一个国家如或在这些东西之中，能有一种是有富余的话，它就一定可以用这一种东西去换得任何它所需要的东西了。并不能找出一个国家的人民，对于某些商品，一点也不依赖别的国家的人民的。

联合王国因为地理位置和疆土有限的缘故，自然是依赖外国供应它的全部奢侈品和大部分的必需品的；并且它有取之不竭的各种金属和矿物的储备以资抵偿并可作为等价物来用。所以科学和技术，并不要专门想法在不列颠生产用力很多而收效极微的一切它所必不可少的东西，而应该努力寻求各种方法，使那些能够换得所需物品的等价物的生产又廉又速才好。倘使某些商品是能够比较容易地通过交换而得到的，那么这些商品就绝不应该由自己去生产了。

在财产共有的社会制度之下，自由贸易的原则就能最彻底地予以实施，并且它的广大利益亦能普遍地都享受得到。但是在现在的制度之下，我们对于个人和国家的利益，似乎是没有怎样的加以思索似的，而且还是要使它们永远冲突和敌对似的，所以真正的自由贸易只能在名义上存在罢了；并且由于国与国间商品互易而来的利益，亦只供一个小圈子以内的人们去享受。这种现在存在的情形，无可置议地证明了现在的事实就是如此，并且将来也常常如此。

我们早已就知道联合王国的人民，虽然没有许多必不可少的商品的原料，但有一切的条件将原料制成所需的商品。所以他们已经转移方向注重到制造业方面了；并且走到制造业的第一步，就是要有机器，所以机器是非常重要，同时他们也用了一切的力量将机器应用到几乎每一生产部门了。我们已经知道现在在联合王国里边所有的机器所能做的工作，就与一亿人的劳动所能做的相等了。但是在现在的制度之下，这一伟大的机力，既没有减轻劳动，也没有增进劳动阶级的人的享受；因为它是为别的阶级的人所有，并且又是专为他们所独享的利益效劳。所以一部分的经济学家们所主持，关于毫无约束的使用机器的弊害，应加改正的意见，也是和他们的其他种种救济计划一样，同是一种幻想罢了。它并不能深入其因，所以它也不能消除其果。我们已经指出现在的社会制度，通过不平等的交换，将所生产的商品或资本放在一边，将生产的力量或劳动，又放在另一边。劳动是一个工人在换得商品时所必须给的唯一等价物——每一种减低对劳动的需要的新发明，就要减削这种等价物的一部分——每一种机器的增加，一定要替代某一些劳动，因此就消灭了某些工人的等价物，否则就减低它的价值——所以在现在的制度之下，加以所有机器的相对数量还是很

有限的，而且在不列颠一国，就有千千万万的人，在满装商品的货栈之间饿死，同时资本家们却要走遍全世界去找买主。

资本家们并不去策划和建立种种设施，使一贫如洗的工人的没有被雇用的劳动，能够发挥它的作用，同时还可以使社会里边各部分的人们都能够生产等价物，并且能够用它们来互相交换；但是他们却要寻求对外国的自由贸易，使他们可以在能够对他们提供等价物的那些国家之中，出清了他们的一切商品。一个市场的推广，常常会引起机器的添置和人力劳动的减削——这样看来，所谓自由贸易的把戏，归根结底，是要减削本国工人的等价物的价值，而且从他那里取走所减削的那一部分，同时还要给他带来一年又一年的穷困和受苦，虽然它也替国家暂时带来了狂热的和不健康的一番忙忙碌碌的活动。在现在的社会制度之下，正像我们所指出的一样，机器逐渐从生产者手里拿去了劳动和由劳动而来的养料，并且将一切生产出来的财富，完全都放进资本家的口袋里边。在这种情形之下，机器对于工人，乃是一种祸患；并且因为自由贸易是要使机器增加的，所以自由贸易也是一种祸患；并且按着事物的性质来看，这两种祸患的不断扩张，恐怕是不会使它们改变性质，或削弱势力的。

自由贸易与无限量的机器，虽然，在现在的制度之下，对于生产者的利益是有极大害处的，但是在共有共享的制度之下，却能给他带来极大的好处。正像我们已经在前面说过了的一样，一切的人都需要衣食住以及修养和娱乐的空闲时间——他们是需要某一些商品，而且并不是产生商品的工作。在一种共有共享的制度之下，当然社会的生产力是公共的财产，而且一切这种的利益是普遍地和平等地为人民所享受的，那么自由贸易和不加限制的机器，当然只能产生好的结果。机器就不复是生产者的对敌了——它也不复专做反对他的工作而且还帮助资本家将他推入地狱里边去——但是它将成为一个全人类的朋友和助手；并且这一种的自由贸易，一方面是拿走一切他所不能消费了的商品，一方面却又通过交换替他带来世界每一角落的各种宝贵的东西。

所以我们所利用的两位最重要的推进世界繁荣的帮手——不加限制的机器和不加限制的自由贸易——在现在的制度之下，不但在任何时候一定要丧失大部分的利益，而且同时还要大大地产生肯定的肉体苦痛和社会灾祸。它们是祸患的根源，而且因此就不能变成治病救人的因素了。但是在共有共享的制度之下，它们立即就会改变它们现在所具有的性质和趋势：它们只能被视为极其有利于人的因素，并且是革除许多祸害的因素。自由贸易与不加限制的机器利用二者，在现在的制度之下，要是作为现在疾病的救药的话，恐怕是没有一点用处的。它们不能丝毫地改变劳动阶级的社会地位——它们也没有替这一阶级带来更多的财富或更多的闲暇时间——它们也没有使这一阶级摆脱别的阶级的统治和勒索——所以自由贸易与机器，对于与依赖，穷困，和过度劳役连带存在的种种弊害，并不是救治良方。这是庞大的利益为局部的人所有和为全体人民所有之间的极大区别！

与自由贸易和不加限制的机器利用等改善方案有密切关系，而且也是资产阶级所提倡的救治方案，乃是殖民政策。他们老早就以为在联合王国里边的劳动，无论在怎样低的价格之下，总是超过资本家们所能雇用的人数了——多年以来，从事于制造业的工

人们,也都感觉到机器是从他们身上慢慢地,但肯定地,剥夺了一切生活所需求的东西,并且将他们抛弃在世界之上,使之谋生乏术,寻死无门。既然从事于某一些行业的工人的劳动已经是为机器所替代了,所以他们的工资是步步下降,最后直到他的劳动,虽然一点儿的休息也没有了,尚且还够不上获得一点最粗的粮食。极大多数的人的处境已经都是如此了;而且还有一个很大的,同时还在逐渐增加的,无论怎样迁就都不能得到就业机会的那些人们,就都不得不依赖救济法[①]对于贫民救济暂时还许可的一点区区补助罢了。资本家对于这种情况所想出来的救治方案,并不是替工人在减轻劳动和增加报酬方面设法——也不想法将机器和劳动所创造出来的财富作公平的分配——也不想用任何方法去改变已经引起现状的种种原因——但是只要将所有半饥饿的工人都放逐到异域去,然后就不再听到他们的怨言,不再受到他们的威胁,并且不再因救济捐而从资本中挤出一点可怜之极的施舍,来作周济之用。

在这样地将移民遣送去的大多数国家之中,大概都是不毛之地,并且气候亦是很恶劣的。即使是阳光所照到的最好地方而且是我们所能呼吸到的最纯洁的空气的地方——即使是人人的内心所想望的就是这样的一个地方——它亦不会在现在的社会制度之下,产生出有别于我们在这里所观察到的幸福与道德。在那里,财产将不平等,劳动将不平等,并且交换将不平等——阶级将有高

① 即1834年后逐步减缩的和加紧救济苛刻条件的贫民律令(Poor Law)。——译者

低——冲突，嫉妒，和仇恨也是不可免的——当然也会有土霸与奴隶。凡是不列颠或任何其他国家所建立起来的殖民地的记录，就可证明事实都是如此；并且为什么要这样和必须要这样的理由，我们早已就指出了。

在发动劳动阶级的人移居国外时所提出的主要理由里边的一个理由，一看就可知道是自相矛盾的。他们告诉生产者们说：许多的人们在移居国外时是贫苦的工人，很快就发了财，获得了许多田地和房屋，并且也雇用了许多工人。这就是一幅现在的制度的写照——确认生产者在一切的地方，都是一个命运已经注定了的阶级。无论在一个殖民地里边或在一个人烟稠密的国家里边，凡是一个人能够发财，都是在许多人必须贫穷的条件上建立起来的——一个人之所以能够成为一个雇主，并且雇佣了许多工人，推其原因，就是因为这些工人是一贫如洗，没有力量自行独立工作——并且在殖民地里边的这种不平等情形，和这种分成雇主与雇佣者的社会划分，马上就可以指明：即使缺之一切其他的证据，移民的救治办法对劳动人民并不能救治什么。

政治经济学家们在他们的其他空想中，还自称他们已经发现了人口增加的趋势是比生活资料来得较快——换言之，意思就是我们所产生的小孩子来到这个世界的是多于我们能够予以应有照顾的——并且我们可以由此推论，即使共有共享制度很稳固地建立起来了，并且每一个人都听其自由去结婚，结果就是在一个短时期之内，我们就不能为全体人民供应充分的生活资料了；所以一个极大的贫困就将因之而生，并且人们将互相劫夺正像他们现在所作所为的一样。

不管是因为什么理由，使人有了这种见解，并且这种理论，可以用到现在的制度上面的地方，不管是多是少，二者在现在的时候都不是什么重要的问题了。我们已经做过了的关于财富的性质和来源的探讨，即可指出在共有共享的制度之下，就是要满足在几千年里所产生出来的人所需要的充分生活资料，也是社会的力量所能办得到的。生产现在是被无数的链条捆住了——它并不依靠整个的社会，而只听某一些特殊阶级的指挥——并且这一班经济学家们，非但不想打开一切束缚生产的桎梏并汇合和团结现在是分散和敌对的生产力量，而且还要将人口拘留在受了限制的生产的力量的范围内。

这种方案是与我们所考虑过了的那些方案的性质相同的；并且这又是一种盲从瞎摸的办法，只是妄想挽救后果而不设法预防前因。一切的人都是需要生活资料的，而生活的资料必须由劳动和原料而来的。一切的人自己就有劳动，并且一切的原料就在我们的四周存在着。可惜原料是弃之不用，劳动是置之不理，因此生产颓缩而且人民饿死！这种祸害的性质，就可立即指出要有正确的改进办法才好；并且这种办法就是要将劳动与原料结合，至于人口对生活资料的压力一说，就将成为一个过去的故事罢了。现在并不是土地有毛病，也不是劳动有毛病，而是社会的制度有了毛病，将土地滥行分配了，并且将劳动都滥用了。错误是在制度里边，并且限制人口一法，既不能使生产得到自由，又不能使生产者获得他的劳动成果，而只能将他留在他所在的地方——既疲于劳役，又“迫于”资本所指派给他的“饥寒”。

我们对于任何一种事物，挑错是较容易，改正是较困难。共有共享的制度，正像我们已经提到过了的一样，已经是有人诽谤它的原则而且怀疑它的利益了；但是无论在什么地方，它如与现在的制度并置而且用种种已知其为可靠的方法来测验一下，那么它的优点，就可以在每一次的试验以后，更明显地看得出来了。共有共享制度在合股的形式之下，虽然与现在存在的制度不同，却是有这样的一种性质——就是它的一切设施和行动方式，都是可以用每一个人的日常经验来测验的。但是，它虽然是这样地，几乎在我们所能想得到的一切重要的方法上，都已经加以衡量和测验过了；可是无可怀疑地还有愚昧无知和感情冲动，将要无端合唱种种虚幻的困难，致使无法用理智来对付或者用经验来否定。

要将与现在的社会制度有关的一切祸患与弊害都一一枚举出来，恐怕就要将全部历史重述一遍才可。要看一看并要比较一下，在各个时代里对于这些祸患和弊害所计拟出来的每一救治方案，就必须重新温习一下所有根据政府的愚昧和教士的顽固所制定出来的法令才好；并且要总结一下从财产共有的制度那里可能带来的一切利益，就必须要有一种关于整个人类的已知的和未知的需要的知识。

但是却有人说，这一伟大的平等原则已经是在天平上衡量过了，并且已经发觉是空空如也了——它的表现已经是由烈火，鲜血，和一片焦土所标志出来了——它铲平了一切高的和好的，更深更低地沉没了一切腐败的和可恶的。我们已经讨论过了的关于平等原则的性质和作用的意见，虽然没有指出像上面所说的那些特征，但是毫无疑义地证明这些特征并不是权利平等的属性，并且它们也不能与平等并存的。倘使毁灭和屠杀是任何社会运动的进步的标志——而且历史告诉我们，凡是人类的向前进展都有它们做伴的——那么权利平等的原则是不能替它们负责的。这个原则，从它的本质上看起来，绝不能产生这种结果的；并且，无论是在哪里，倘使自由受到蹂躏并且生命或财产受了牺牲，推其原因，一定是铁黑的和血腥的专制魔王在做着怪，而与公平公正的权利平等原则是不相干的。一个原则绝不能违背自己；并且无论在什么时候，倘使权利平等是受到蹂躏并且迫害与暴戾是横行无忌，那么我们就可以在那里看到一个与平等原则没有联系的而且是背道而驰的另一个原则的作用了。

倘使在权利平等原则的公正的性质和匀称的各部分来看——倘使剥去了“现存的利益”将它笼罩起来的妖怪的外衣——那么在权利平等自己身上，还有什么是不雅观的呢？在一种建立在这个原则上的社会制度里边，试问还有什么是诚实和正义所不容的呢？我们已经在财富的生产和分配以及政权的建立方面观察过它的作用了——我们已经注视到它怎样影响和怎样管制人与人之间的每一桩事情了——并且这一幅画是描写了一个协调的和匀称的整体，其中包含了庞大的力量，无量无限的生产，和人人都有份的享受。

在有时会在各国里边发生的通常的政府变革之中，无论在压迫者或被压迫者方面，总是免不了要犯了许多暴行而且牺牲了许多鲜血和财富的。这样的运动难得是有任何一种理论做基础的；但是社会既然分成各个派系而又由有了各种不同目的在眼前的人们来领导之后，当然就会有自闹自的事情，甚至多于它与它所欲推翻的敌人的斗争。这类的变革不过是一连串的暴政的更替罢了；

它们通常是为了攫取专为某些特殊阶级所独有的利益搞起来的，同时也是为这个目的而搞下去的；并且他们常常使财富的生产者们，停留在每况愈下的情形里边，甚至还不如他们在变革发生以前的光景。但是现在的运动并不是这样短命和包办性质的——它没有领袖，也不替什么阶级或等级的人的利益服务——它也不是今天由某一党派的人树立起来，明天又由另一党派的人毁掉。这个运动，既然是根据广大的原则，抱着确定的目的，并且包括整个的社会，所以具有一种性质，完全与以前的无足轻重的运动不同；并且因为用了从未用过的方法而获得了它的效果，所以凡是与以前的变革不能分开的一切祸害，就会与现在的变革失去必然的联系。

财产共有的社会制度的性质是这样的：它所包含在自身里边的，不但是经济学家们所愿有的那些前提，而且还有政治家们所要争取的一切政治上的平等。但是无可置议的一切事实，就已证明在现在的制度之下，这些东西并不能为社会的大多数人民带来什么利益。我们已经指出现在的社会设施，势必产生一种复杂的利害关系以及一种不平等的情形和一种相应而来专为某些特殊阶级的利益服务的立法制度；并且在这种设施之下，我们就不可能会想出有效的改善办法了，同时一切公正的法律和规则，也未必能够一点也不受侵犯的了。但是在共有共享和平等的制度之下，那种盛气凌人的恶霸和战栗不安的奴隶——那种大腹便便的资本家和就将饿死的生产者——那种现在所受的来自社会的苦痛和来自政府的暴虐——一切就将一扫而光，并且一切高低不平的地位亦都完全消除。现在的制度恐将成为一种过去的纪念品罢了——正像一座灯塔一样指出成千成万的人类的桅船已经在那里撞破和搁浅的一切岩石——一个令人痛恨的海岸，到处都埋葬着碎了的心，而且由一个充满了人类眼泪的海洋来冲濯！

第十三章
政治经济学家对于社会变革的两种态度

作为一种工具可以用来破坏现在的社会制度并且还可以作为建立最完善形式的财产共有和权利平等制度的准备步骤的，恐怕就只有合股运动，才能够提供这许多的便利，而且也只有合股运动，仅能引起这样少的反对理由了。这样性质的一种运动，是能将现在制度的优点和一种更好的制度所必需的因素都结合起来的；并且因为它是根据实实在在经过考验的原则并且依照确已熟知的方式和日常所接触的一切经验向前推进的，所以它不怕一般愚笨的或奸诈的挑战叫嚣，说它是“虚幻的”和“不能实行的”。这一步骤只不过是拟定全国的土地与实在资本将为整个的社会所有和所用罢了——这种资本是，通过估价和购买，从它的现在的所有者那里得来的——这种购买是由社会极大的生产部分的人来担负的——这一部分又分成无数的较小部分正像股份公司的样子——这些公司发行一种流通媒介，其数额与它们所有的资本相等——这种媒介是由各公司按其成员人数和它们所从事的特殊部门的行业来使用——一切这些公司和整个社会都用这种媒介来买和

卖——在各公司间，无论在劳动的时间方面或者工资的数目方面，都要存在着一个一律相同的标准，并且它要推广到属于各公司的每一个人——一切生产出来的东西的价值，是按着在它们身上所支出的劳动计算——要成立一笔全国基金以资建设公共事业，维持政府，筹划全民教育，和照顾鳏、寡、孤、独等人，同时这笔基金还可以用作财产保险和解决其他社会经常需要或急切需要。

这样的一种社会变革，当然是会将现在社会制度中值得保存的地方完全都保存下来，并且会立即将一切与交换的不平等，财产的不平等，以及社会的阶级和等级划分等项都分不开的祸害，一下子就都扫除干净。这样的社会设施的简单性和效力，确是十分显著，倘使拿它与嘉亭结[①]似的现存制度的复杂性相比——其中一切利害关系是相反的，并且是一团乱麻似的，并且其中一切生产的努力实在是达不到我们所欲达的目的，同时其中并没有一种力量能够管理和调节整个的社会动向并且指导一切的努力，一致协调地，向着一个肯定的和正确的目的前进。但是在财产共有的制度之下，一切有关社会福利的事情，都是可予以有效的统制；并且这种合股的形式，因为它的性质是容许在生产品里的个人财产和在生产力里的公共财产可以同时并存的，并且它是要使每一个人都靠他自己的努力，同时也要使他有一个平等参与一切从自然或技术来的利益的享用的机会，所以它是可以一面容纳现在这样的社会，而且一面又准备其他的和更好的种种改进办法。

① 希腊神话说，凡能解嘉亭结(gordian knot)者将统治到亚洲，但是谁也无法解此结，惟亚历山大拔剑斩断之，其后他的统治势力果然及到亚洲。——译者

为得要证明这样的社会合股制度确是比现存的制度优越，并且要对那些迷信权威的人——本来就是听也不愿意听那些改革的人，除非它们是有大名鼎鼎的权威支持的——予以一种鼓励，我们就不妨让这班身居领导地位的政治经济学家们来作证，并且说一说他们所相信的意见，以为社会的福利到底还需要点什么。他们的这类言语，其中有些原是为了维持现在的制度而辩护的；还有些是反对那一种只不过拿合股运动来做幌子的财产共有制度的；而且还有些是承认现在的社会制度需要修正和增补的。我们并不提一切个别的人的名字，免得因为对于说这些话的人的一般成见，不管是反对的或赞成的，减削了这些意见的真正价值；因为那些熟悉这班著作家的著作的人们，立即就会看出这些话是从那些人那里来的。在这些意见和其他亦为这同一阶级所援引的意见之中，凡是用来支持现存制度的，就没有不可以用来更有力地支持合股制度的；并且一切对于较高级的财产共有制度所提的反对理由，根本就不能用在现在所考虑的这个运动上面。

第一，关于不得不有一番社会变革的意见，有人是这样说的：

“没有一个能动动脑筋的男子或女子，倘使想一想由于去掉自由竞争和拼命捞钱的压力之后所能获得解放的时间，思想，和精力——就是现在消磨在身体的损耗方面以及一部分消磨在精神的刺激和一部分消磨在精神的浪费方面的时间，思想，和精力——是能够在现在的制度之下感到满足的。”

为了要指出一班政客们所要争取的改革并不能真正改善人民的生活状况——这种改善措施所能及得到的最大限度，甚至于将君主政体和共和政体都推翻掉，亦是毫无价值——同是这位作家

又提及在共和的并且明明是不必纳税的美国里边的人民的处境如下：

“工匠们和农民是满意了么？没有满意；即使他们那一批人，表面上好像是比社会上所有过的任何阶级的人都有福气，也是没有满意。他们还觉得一个人所过的生活不仅仅是只顾一点外表的生活资料。他们一定觉得，虽然他们能够在极大的热忱努力之下，也能挤出一点时间来做一些不是为了赚钱的事情，但是在这种制度里边一定总有一些错误的东西，逼得他们几乎将全部的白天时间用来获得，在一种不同的劳动配合之下，可以省去四分之三的时间就能够获得的东西。”

“许多只知尽量效仿旧世界习俗而且还极端留恋封建偏见的人们，对于共和制度的作用使他们不得不接受的信仰——就是除了通过财产共有制度之外，别无其他方法可以在民主的原则上得到社会里完全的自由——也只能暂时抗拒。”

“在人们都已疲于为世务的操心而人人都过着奴隶似的生活之后——在他们已经很周详地想过和讨论过百分之九十九的社会罪恶是直接从私产来的，最大部分的人类过失是与自私的所有制有关的，并且最可惊骇的各种毛病都是从过度的或不足的劳役以及心情不安而来的之后——他们对于是否真能抛掉这一可怕的重担问题，以及跟着抛掉这一重担而来的一切困难是否能够与它所带来的祸害相比的问题，就将有心理上的准备了。”

这是一个经济学家所说的例证，完全根据在一个共和政体之下的人民的情形所作出的结论而来的；并且这一个例证，一方面指出了在这种制度里边的毛病，一方面又给我们以一切的鼓励，必须设法拿一种更好的制度来替代它。倘使我们能够记住我们已经讨论过了的关于合股制度的原则和实施办法的话，那么我们在检讨经济学家们所持的要点时，一定要拿这两种制度放在一块来比较才是。共有制度的优点和现存制度的弱点，无论从哪一点去看都是很显明的。我们同时也能够看到建立合股运动的基本原则，就是经济学家所视为现在的制度的支柱，并且是一点也不违反公理的，同时也是可以实行的而且是效率最高的。

劳　　动

“劳动是第一个价格，亦即原始的购买货币，用以支付一切东西的。世界上的一切财富，原来并不是用金子或银子，而是用劳动来购买的。”

“社会里每一个人应该属于某一个生产阶级或另一个生产阶级，否则也须用有用的而不生产的劳动来促进生产。”

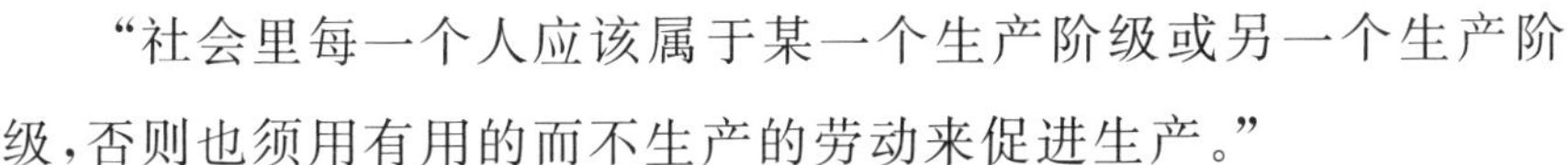

“在人类尚未达到最高的成就的时候，我们常常是还有一些东西可做的；并且是**要愈多愈好地将力量解放出来去做它**。在一切的技艺和科学尚未达到止境的时候，在一切自然的资源尚未用尽并且人类对于它们的使用尚未感到束手无策的时候，**人类劳动的最大可能供应还是必须有的**。”

“在整个人类仍有这样多的需要与欲望尚未得到满足的时候，这应该是一桩轻而易举的事情：将已经是从一种工作里转移出来的**任何一个数量**的劳动，又转移到另一种工作里去。至于为何这样做是不易办到的原因，完全是**社会结构上的毛病**所致。并且我们不应该遏制这个原则和拘束劳动的力量。”

合股运动就包含了一切这些先决条件，并且提供了一切这些便利，在程度上远远的胜过了现在的制度。

资　本

“资本是全国财富用在生产方面的那一部分，而且包括使劳动发生效力所必需的粮食，衣着，工具，原料，机器等。”

“当人口对生活资料发生压力时，其救治方法就只有使人口减少或者使资本更快地积累起来。”

“一个国家的财富可以用两种方法增加起来：1. 它可以由大部分的收入用在生产的劳动的维持上而增加起来，2. 否则无须增用劳动的数量，它可以，因为这个同样数量的劳动有了更大的生产力，而增加起来。”

“在一个国家里边，无论怎样大的资本数额都是可以用得到的，因为需要只是受生产限制的。”

“资本的新生，由于产生一种新的需要，常常是对于社会的一种利益。”

“一切好好管理的大资本的生产比例一定是大于一切小资本。”

“倘使消费者的比例是大于资本的话，那么要得到最大幸福的方法，显然就是不可拿这一个人的一份去送给另一个人，而是要在不至于促成更大需要的方法上，尽可能地去创造另一份。”因为“生产是使用劳动和资本的唯一的大目的，所以二者的最好使用，乃是最大的生产的获得。”

凡是这里所想望的，都是能够在合股制度之下，立即就办到的。这一种制度将保证更快的资本积累——它将拿较大的部分的收入用在生产的劳动方面——因它对于机器的采用是毫不限制的，所以它将使所雇用的劳动有更大的生产力——它将利用大量的资本来发生作用——它将为那班现在是一贫如洗的人们创造所增加的一份同时并不损及别人所有的股份——并且这是很彻底地保证得到最大生产数额的一种使用劳动和资本的方法。

通　　货

“为了对群众保证要使通货的价值，除了本位货币自身的变动以外，不会发生其他任何变动，而且同时要用一种费用最低的媒介进行流通，就是要达到使用一种通货时的最完满的状态。”

“只有在一切的时候都需要等量的辛苦和劳动的牺牲而获得的才算是价值不变的商品。”

在合股制度之下，凡是用作交割一切买卖的纸币和瓷币两种媒介，就兼具我们所要求的安全保证和费用低廉的两个条件。这种货币的基础是劳动——不管我们是予以什么名称和怎样的分别，或者是镑和先令或者是劳工券，它不过是作为劳动的一种凭单或代表罢了——所以它是一种本位货币，其价值的稳定正像由任何价值稳定的东西所制成的货币一样。凡是某一个人一星期的工资是用这种通货发给的，他就可以用它换得正好等于他所给出去的东西——就是从别的人那里来的一定时数的劳动或它的产品。

同时他们所做的无论是怎样复杂的交易,或者参与交易的无论是怎样复杂的人,可是一切的人都能得到并且享受到一个唯一不变的公正的权衡。

交　换

在现在的社会制度之下,社会是分成财主与贫民,亦即雇主与雇佣者——因为他们的地位关系,后者对于前者完全是唯命是听的;并且我们也已指出这种划分和分级是不利于财富的生产的,因为它容许大量的劳动一点也不能利用——它要毁坏社会的协调,因为它要使人们的利益冲突,而且要使一个阶级的利益来自另一个阶级的损失的累积——并且因为它是这样地阻碍生产,使劳动无法去用,使人与人以及阶级与阶级间发生敌对的冲突,所以它是一切文明的人所犯及所受的一切过失,罪恶,和苦痛的直接原因。我们也已证明这种情形,原来并不是由人与人以及阶级与阶级间力量的不平等所引起的,而是由于不平等的交换所引起的。所以现在社会的弊害,倘使要得到改正,那么我们就必先消除这种弊害之所由起的社会阶级划分及其不平等的情形;并且要达到这个目的,就必须建立一种平等交换的公正原则,将这些弊害用治病去根的办法,有效地予以改正。但是平等交换所引起的一般平等情形,对于资本家和经济学家来说,乃是一切改革中最后的一个,同时亦是最可怕的一个。他们对于现在制度,老是愿意做些挖补粉饰的工作,用笨拙的方法修补一个已经存在了的漏洞,同时却又造成另一个洞眼。但是经济学家们的理论,倘使他们真能看得清楚,也是

支持平等交换的有力论证，并且也会指出平等交换是真的和唯一的改善办法：

“用等量的劳役和辛苦所生产出来的商品的数量并不是常常相等的；但是实在的价值是根据所耗费的劳动数量而定的，而不是根据劳动耗费的方式或劳动的生产力的高低而定的”。

“劳动是我们对于一切不是由大自然本身所供给的东西所必须支付的价格；并且这些东西的实在价值显然是由这样地付出价格的大小而定，而不是由这些东西本身的大小而定”。

“我们必须视之为实在价值的不变标准的东西，并不是指任何一种商品或一套商品说的，而是指某某数量的劳动说的”。

我们在这里就都承认实在价值是根据劳动而来的原则；并且能够由此而得到的唯一推论，就是等量的劳动应该得到相等的报酬。这就是合股运动的主要原则之一，同时亦是这一个运动所将向往的更为完善的社会的境域；并且这样的同工同酬，因为它将使某一个人或某一阶级的人，不能专靠别人的牺牲来维持他们的无所事事的和奢侈的生活，一定就会保持一般的平等情形。但是这一结论虽然是这样明显，可是有人尚未发觉，因为他们还是这样的说：

“我与合作主义者所能一致相信的，就是要认清到底在什么时候，合作才能在某一种意义上风行起来——意思就是在一切的利益必须一致协调而不互相冲突的时候；但是这一桩事情要包括情形相等的条件，那是我所不能同意的，因为我觉得品性的不同就损坏了情形相等的条件。”合股制度也不过是“在某一种意义上的合作”，并且，就其性质来说，它一定会“使一切的利益一致协调”，同时又一定会消除现在存在着的不平等情形。

经济学家们，在想要将坏的原因说成好的这番枉费苦心的企图之中，所犯的自相矛盾的毛病，真是奇怪得很。他们在说起现在的社会状态的最好的形式时——就是雇用了每一个工人，但是同时又强迫工人来维持资本家——并且在硬指这种现状是比那种能够保证全体人民的职业和生活的情况尚且较为公正时，他们还提出这种自相矛盾的说法：

“这种的平等〔并非阻止贫穷的工人去维持富有的懒汉的这种平等，而只是阻止富有的懒汉在名义上是维持贫苦的懒汉的这种平等〕只要把建筑在别人的重担上的对某些人的保护扫除干净之后，就是我竭尽一切力量去争取的。根据同一的原则来说，我们必须反对那种无原则的平等，将强有力的人的劳动成果，拿来使孱弱的人富裕起来！”这是一种谬论，以为我们所能够达到的靠近平等交换的最近一步——就是走到同工同酬的一步——就已逾越公正原则的范围，其严重程度，实较现在的可以任意分发不劳而获的社会设施还大！这种说法是站不住的。我们已经指出，既非现在的不平等制度，亦非这个制度的修正，能够“将建筑在别人的重担上的对于某一些人的保护都扫除干净”。这种所加于人的重担——这种“拿强有力的人的劳动成果来使孱弱的人富裕的办法”，乃是不平等交换的必然后果，并且正是现存制度的目的和目标。这就是大大的和昭昭在目的体现在现在制度里的不公正因素，使它与我们所想望的制度划清界限。类似的矛盾和荒谬之处，在每一种要保留不平等状态的企图之中，是极易看得清楚的：

“人的本性就包含着大小不同的力量；并且人类的任何法令，

要将这种力量的成果平均分配，也绝不能取消上苍的旨意或抗拒它的作用。这一种的法令是不公正的。** 只要人们是各不相似的话，等级的区别总是难免的，虽然这种区别可以根据比世袭更好的原则来决定。我相信土地和财富将会根据自然规律来分配；但是地位的高低与财富的多寡将是永远难免的事；并且平等制度的提倡者，理应坦白承认这一原则，才能使他们的事业得以进行顺利。当一切可以据以作出结论的证据都在他们的面前，而他们却得出直接与这种证据相反的结论时，我就不能再相信他们是人民的聪明的和可靠的向导了，虽然我还是可以因为某些原因，非常尊重他们的。对于不平等情形的必要性问题，我们就可以这样作出定论的：

** 体力与脑力的差别，无论怎样都是不可免的，所以个人劳动的产品也一定是不相等的。凡是一个人在劳动着或是在将来任何时候在劳动着，都是为了要有劳动的成果；并且那些成果，一经占有之后，就成为私有的财产了。倘使一个巨人所生产的较一个小人所生产的要大十倍，而各人都分得产品的当中一份作为生活和享受的资料，试问那个巨人此后会不会多卖力气，生产得比那个小人还多一些呢？”

一切这些论证已经是一再被驳倒了。我们从未说过人的力量是完全一样的，或者同工同酬是完全公正的；但是我们已经指出这种平等是比现在的制度之下的酬劳方式更公正得多了。我们也已指出，我们从“一切可以得出结论的证据”方面来看，不平等的情形和地位的高低，绝不是因为能力不同的缘故；但是，相反地，这种不平等的情形是由不平等的交换所产生的，而且亦是由不平等的交换所维持的。“一切的证据”亦指出了，凡是身居高位而且享受特权的人，都是能力较低而不是较高的人；至于尽其心力和劳其筋骨的人，却只能享受到他们亲自所产生的东西的最小和最坏的一份。我们在生产方面并没有巨人和小人之分；因为文明的社会是这样组成的——生产是如此复杂而且各部是不同的；天赋的脑力与体力，一般说来，亦是如此悬殊的——所以对于每一种工作来说，总是有一些人比别的人合适，并且他们，虽然是没有能力去做别的工作，却能在他们的本行里边，达到人类所能做到的最高限度的成就。倘使人们现在就劳动，并且将来也一定劳动，其目的是为得收获，倘使努力工作的主要推动力是要想享受这些收获，那么他们，在一种能将每一个人的努力的全部收获都给了他的制度之下，一定会比在现在的制度之下——在这种制度之下每一个人都是辛辛苦苦为人服役，而其所应得报酬的四分之三左右，将为利润和利息的勒索以及各种政府的苛敛所吞没——更为愉快和努力。所以无论从那一角度来看，无论是用理论或事实来试验，现在的制度所能让我们看到的，除了它的弱点和腐败以外，就别无其他的东西了。并且它在本质上就是有弱点的和腐败的，因为它所体现的不平等原则，就是永不止息地这样在作祟着，使它——正像经验已经替它指出的一样——必得常常毁坏每一个公正的政府制度。但是已经提出来的反对财产共有制度的论证，就还有许多种，并且它们都是并肩作战，一致反对这种论调的：

“在提倡合股的人们能够证明他们的制度确是比私人财产借以维持的制度能够更有效地增加资本和调剂人口的时候，他们的要求就将比在先前的时候得到更大的重视。”我们已经指出财产共有制度在合股的形式之下，无论从它的原则上或它的行动方式上来看，都是一定能够增加资本并且调剂资本，使之与任何数目的人口能相适应，而无须求助于现在所想出来的种种一时权宜的消极办法中的任何一种，要想将人口的数量限制在资本的力量的范围之内。再看：

"我们在这里只有一个运动，想要替一切不愿和不能去工作的人，都使之就业。可是劳动就业的机会是必须根据生活基金来决定，而不是世界上任何法律所能将劳动就业的机会增加到此项基金所能支持的人数"。这种意见的错误，我们已经在讨论合股制度时就指出了；因为它只能在货币数量有一定限制的制度之下才能应用。我们现在有的是一切工具和机器，绰绰有余地足供一切的人使用——任何样子的财富都是我们所需要的；一切的人，不管是工作的或不工作的，总是要维持的——可是成千成万的人，就是因为资本家没有那许多的钱来雇用他们，以致无所事事。倘使此项"生活基金"就是货币的话，那么它是像我们已经讨论过了的一样，可以任意增加的。倘使生活基金是指各种市场上堆积如山的食品，衣着，和用具说的，那么这一大批的东西，就满可以供应联合王国全体劳动人民的需要，直到他们的劳动又创造一批货物出来的时候。合股运动就将立即扫除了这些困难；因为它将替该项生活基金创造一种能够代表它的东西，它将按着一定的计划使劳动阶级的人们所结合起来的一切力量去生产财富，它将用一切天才所能发明的最有力的机器来支持以上所说的一切努力，并且因此它将保证一切的人都能享受到出乎意料的大量财富。但是现在的制度的性质，就不容许我们采用那种能够达成我们所欲达的目的的

方法。虽然无论在什么时候，一切的劳动是要维持的，但是它却常常奄奄一息没有一点活动；并且即使是活动起来了，但亦没有保证使之继续活动下去，因为没有一种力量能够制止“恐慌”[①]的来来去去，及其所引起生产停顿和工人饥饿的作用。只要社会是建筑在现在的原则上的，这班经济学家们的一切救治方案，只会使人认识不清并且莫知所措，因为它们并未提供任何能够令人满意的办法来解决现仍存在于各方面的畸形现象，并且它们也不能决定我们对于某一些社会祸害，到底是要容忍到什么程度和什么时候为止。但是为了要克服经济学家在现在的制度里边所遇到的困难而不得不转向共有共享制度这一桩事情，就可以表明这种制度是我们所需要的了：

“购买力（就是以一种等价物去换取同样价值的东西）是真正唯一所需的东西。凡是使这许多的人陷于贫困和不幸的，就是因为他们对于他们所欲得的东西，没有能力提供等价物罢了。所以这种能力愈是增加而且生产的便利亦愈增加，社会的情形亦愈将改善”。对于一个经济学家来说，试问还要什么更有力的理由，来说明合股运动的推进呢？并且再看：

“只要每一措施，能够增加劳动力量的，或者能够减低由劳动所产生的商品的成本的，一定就会比例地增加获得财富和财物的力量；同时任何一种措施或规则，反而要浪费劳动或要使生产商品的成本提高的，亦是一定要减低这种力量。所以这是极简单的而

① 按英美人习惯，他们用恐慌（panics）一字指暂时性的经济危机，用“crisis”一字指经济危机。——译者

且是有决定性的测验，我们可以用它来判决任何对于国家的财富要有影响的措施是否适当。”倘使增加劳动的数量是与增加它的力量有关，倘使不加任何限制地采用机器也是与它的力量有关，那么合股制度是经得起我们在这里所用对于生产会有影响的一切措施的考验的。

要注意到这班经济学家所提出来的一切有利于这一变革的论证，或者要注意他们在排斥共有共享制度时所有的一切矛盾，那是不可能的事情。有些人以为，假使“资本是属于一切的人时，实在就是不属于任何人了，那么资本大概就不会受到爱护了”，并且这些“合股机构都将成为劳动救济院（work-houses）[①]或贫民集中营了”；还有人说，“一切时代和国家的经验证明了高工资，或获得享受的便利的增加，乃是最能立时见效的良剂，亦即最有力的刺激，使人终身勤勉努力”。并且还有人说：“请对任何一个国家的人民给以积累的能力，于是我们就会有了这样的保证——他们将很乐意有效地利用它。＊＊恐怕没有任何一个国家的人民曾经放弃过一个发财的机会。”

资本家是久已埋怨我们，为什么要有贫民救济律令——他埋怨任何设施逼得他要在他所得的不义之财里边拿出一小部分来维持失业和饥饿的劳动人民。现在正在进行一种实验，来决定这些

① 一种救济机构，盛行于工业革命以后，收容失业和不能找到工作的人，其中饮食起居都很不舒服，并且还要工作，目的在于使人不愿入院，可是请求入院的人仍是很多。劳动救济院法令于1723年在英国初次颁布，后果极为恶劣。19世纪中叶以后就都被淘汰了。它与美国的poor-houses（劳动改造所）不同，因为一个的目的是救济性质的，一个是刑罚性质的。它与本国的poor-houses（贫民院）亦不同，因为前者是收容能够工作的人，后者是收容没有能力工作的人。——译者

法令是否可以取消，而不妨碍贪婪的动机所促成了的聚沙成塔似的财富积累。这就是自认贫民救济律令是不应该存在的了；同时也是自认，在现在的制度之下，想解决这一桩事的种种困难——这种困难，在合股的形式之下，是不能存在的：

因为贫困就会产生苦痛，并且也极易使人误入歧途，所以为了社会的福利起见，我们必须将一切的贫民减到可能最低的数字才好。** 那么，我们必须做点什么来减少现在正在惊人地增加的贫民呢？生活基金必须是尽量用来发挥生产的力量，并且资本与劳动必须是听其自流，那就是这种贫民救济制度无论如何必须消灭。** 在这些救治方法之中，没有一种是能治病去根的，而且没有一种是能够得到一劳永逸的成效的。唯一能够测验方法就是这样：它们有没有减少贫民的人数呢？我们都很知道这班资本家们是情愿怎样“减少贫民的人数”的——就是使之每况愈下，或流放异域，或任其活活地饿死。现在的制度使财主的心变得像铁一样而没有一点温情了，使他的自私自利的心盲目地占了统治的地位，所以他竟会不假思索地给他的同人以一种归根结底必定要反击在他自己身上的打击。但是合股制度能够提供一种自然的和方便的手段，俾得逃避一切与贫困和失业的人有连带关系的祸灾；因为我们认为“帮助贫民的唯一真正秘诀，乃是要使他们成为改进他们自己的情况的因素，并且要供给他们以一种永久的能力，而不是一种暂时的刺激”。

这班经济学家们所承认的话，不但可以指出现在的社会制度，根本就是有毛病的，而且一种更好的制度是可以建立起来的，同时人民是有百分之百的权利来制定他们所视为必需的变革方案的。

论到财产问题，亦即毁坏现在制度问题中的主要项目之一，有人就承认，“财产权是靠习惯传统的权利而不是自然的权利来维持的”；这是明明白白地承认了资本家所能据为己有的财富，必须是社会所容许的，所以在没有了这种容许的时候，他就必须放弃他的产权了。还有人承认庞大的私产，“就是罪恶和苦痛的藏身处，知识的敌人，和平的毁坏者，信任和慈善的消灭者”。还有人认为这种过分大的积累，对于公平的政府制度是有毁灭性的。“庞大的私人财富是与共和主义的精神不相容的；财富就是力量；并且大量的力量不应该操纵在私人手里。”

但是这班资本家们，似乎是半知半解地就感觉到自己是做错了事似的，而且是在每一个无足轻重的扰动之中，就怕大难将至似地感觉到财富的太阳，虽然是光辉照耀，但却没有带来一点的温暖了。那班带着疑惧之心来看将来的资本家们，当然对于目前的快乐也是没有心思去享受了；何况他们还要阻止大众人民企图获得有利于他们的社会改革或政府变革，于是资本就预先作出这样的恐吓警告：——

“让一个两千万人民的国家，因为任何一种愚笨的盲动，将资本都从他们那里赶跑了，于是灾荒，瘟疫，内战，半夜暗杀，劫掠，以及任何其他灾难就将跟着这种不自然的对天道和人道的反抗而来了。这两千万的人民恐将立即就减到一百万了；这个国家恐将要后退一千年了。我们都恐将无所事事了，但是我们的无所事事就不能替我们带来吃的和穿的东西了；我们或许都是要去劳动，但是却没有积累来使我们可以从事有利的劳动了。这位被我们赶走了的朋友就一去而永不复返了。我们无法走到资本那里去了；资本亦不愿回到我们这里来了。”

在这种狂妄的闲谈中所含蓄着的极其荒谬的愚昧无知，早已由我们揭示出来了。我们已经指出资本是不能被人赶走或取走的；并且每一个资本家倘使都离开本国，同时还将国内所有的每一盎司的金子和银子都拿走，但是生产仍可同样有效地继续前进，而且产品的累积，也是像现在一样，可以很有把握。这里所预言的一长串的可怕的灾难与这一班资本家的迁居并携走他的金钱那一回事，乃是风马牛不相及的两桩事情。因为事实就是这样，人民是能够走到资本那里去的——他们能够劳动——他们能够生产——他们能够享受。但是我们却无须像杞人忧天似的，只恐资本家们迁居异域以及其他事故将会一时影响社会的安宁和福利。至于我们所争取的变革，非但没有一种必然性要产生这种情形，而且它自身也并未和无政府状态或社会秩序的紊乱有丝毫的关系。这不过是人与人之间的一种贸易关系，亦即一种买卖，凭此就可以依照双方的利益，很公平地而且很和睦地，解决这一桩事情。因此一切这些悲惨的预言涉及将随某些变革而来的祸患的，既然都不能用到我们所计拟的运动上面，亦是无足轻重，好像中国人一样在月食时都狂喊狂叫将他们以为正在吞食月亮的恶龙吓跑。不过其他有关社会变革的种种预言还是很多：

“在世界逐渐成长的过程中，人类一定会，并且也将会受益愈多；但是要达到这个目的，我们就必须以公正之道对待永恒的社会规律，而不可破坏这些规律。”这种公正之道只能在财产共有的社会制度之下才能做到。再看：“每一个文明的国家的人民，其中极大多数都是愿意有一种互助协定，要求每一个人都全心全意地帮助别人，因此他也会得到别人的帮助，并且有难共当，同心共济。这样就是上苍赐予我们的丰富礼物；并且这样就是他愿意我们互相谦让的样子。”这是现在在一切措施中的不平和不公的现状的一幅图画么？这还是将来的一种社会状态的光景呢？并且再看：“自然里的一切爱力是永在动作的，即使现在是处于逆境之中。它们将及时指导我们来适当地管制外界情况。”我们所讨论的社会改革的一大目的，就是要使我们能够这样管制包围我们和影响我们的外界情况。四千年来的经验，就已提供了充分的证据，指出现在的制度是不能予人类以这种力量的；并且历代以来所得的经验，在很短的时间将使他们建设并成立一种制度，使人都能称心如意不受任何压迫。所以同是这班权威人士们又说了以下的话，作为我们要有坚决毅力的种种鼓励：

“无论用任何方法来反对社会的进步势力——这种势力是要使一切的人更为舒服，受更多的教育，更为高尚，和更为幸福——都是没有用的。[**] 我们无须指出我们可以借助社会的集体努力，来减轻或铲除那些还要跟着一连串改进而来的局部的和暂时的祸害。社会的成员是永不能作出什么来阻止它的进步的；而且社会的任何一部分成员倘使感觉到个别的人有了一点苦痛而不能看到一般人的幸福，以致使用毫无益处的暴动，来作干涉的企图，想使必须前进的事物不得前进，那么社会的规律，一定要出来保护我们全体和规律本身，不至于受到无法无天的盲动的影响。”并且由此看来，这就可以指明，一切个人的和一切阶级的企图，要想阻止普遍的事物进展，一定是毫无用处的轻举妄动，同时对于患得患失和动摇不定的人们，也可予以鼓励，要鼓起勇气向着改进方面前进。

并且,再听:

“请你们相信我说的话,这个时候就将到了,就是我们深受其苦的制度就将到了结束的时候了。这是不能常常如此的:法律将要从辛辛苦苦工作的人们那里攫取面包,转赠给无所事事的人们,并且还要使劳动脱离它的自然轨道,并且还要从劳动者身上骗取它的应有报酬,并且还要授权给这种自私自利和荒淫无度的人去戏弄那些珍重自立并且待己俭约而待人宽仁的人。请你相信,这个时候就将到了:全国的人民就要很深刻地将这样的强暴不公的事情都记在心里了。我们必须先做一番革新和纠正的工作,然后才能使贫民的劳动,在壮年的时候就替他们设施好了一个清闲安逸的晚年。但是这个时候将会来的。”

那么,这就是政治经济学家们在社会改革的问题上替我们打气与泄气的地方了。他们承认有些大的变革是一定会有的——一个更好的境域毕竟是一定要成立起来的——我国的人民是可以制定任何他们视为合适的改革方案的——并且他们同时也指出那些主要的行动原则和方式,必须是在任何可能成立的变革中所不可忽视的。这样就将一切令人疑惑和裹足不前的原因都清除了,并且还有一个广大和坚固的行动阵地,甚至要由那些一向是想置他们于死地的敌人亲手向人民交出来。现在的这个运动,不过是要在人类历史的那一根长长的链条上再加多一个环节罢了;并且因为这一个从未曾有过的环节,并不完全像别的环节一样,所以我们无须惊奇或恐惧,倘使我们所计拟的变革也许是与先前的稍有不同的话。

结　　语

因为我们已经一步一步的研究了现存的社会制度并且观察到它的力量以及它的弱点到底是在什么地方了——因为我们对于它的力量之所由来的因素，也已一一考查过了，并且也注视到它们的种种正确的和不正确的结合和应用了——因为我们也已经看到这种制度，从许多年代以来，就强加于生产阶级身上的一切重担和祸害中的好多种了，并且我们对于设法减轻和扫除国民苦难所提出的各种救治方案，也是已经作过一番探讨了——所以现在尚存留着的任务，就是要这些受压迫和受蔑视的阶级的人们来决定是否要有变革和要有什么样的变革，并且还要决定一个行动的时辰了。

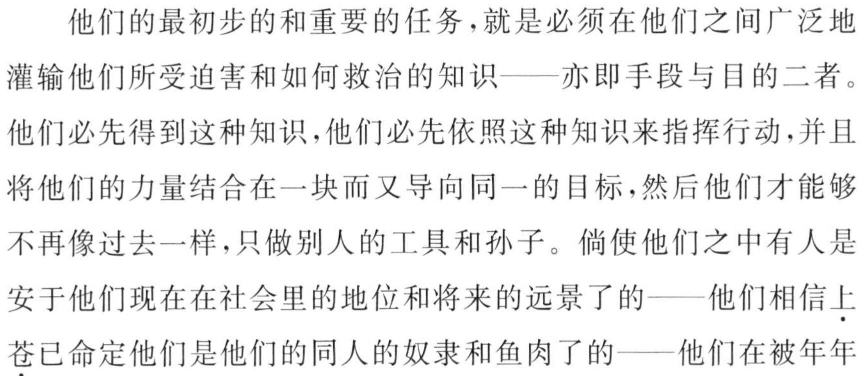

他们的最初步的和重要的任务，就是必须在他们之间广泛地灌输他们所受迫害和如何救治的知识——亦即手段与目的二者。他们必先得到这种知识，他们必先依照这种知识来指挥行动，并且将他们的力量结合在一块而又导向同一的目标，然后他们才能够不再像过去一样，只做别人的工具和孙子。倘使他们之中有人是安于他们现在在社会里的地位和将来的远景了的——他们相信上苍已命定他们是他们的同人的奴隶和鱼肉了的——他们在被年年不断的劳役折磨尽了的时候，就心安理得地在道旁倒下，并且像一只狗一样死去就算完事了的——倘使在劳动人民中是有这种人的话，那么他们是不想要有什么改革了的；但是倘使还有一班相信人权是平等的人们——相信任何人没有权利统治别人的——相信生命的存在并不是专为永不止息地在劳役着的一套把戏，而是还有别的目的的——那么他们就将要求改善现状，并且他们也将达到目的。倘使在中等阶级和高等阶级之中，有人并不希冀比现在所享受的还要更能逞其所欲的话——他们觉得这样生存于世可以算是已经没有什么欠缺了，没有什么愿望尚未满足了，并且前途也不会黑暗或靠不住了——那么这类的人就会说，一切的社会改革都是空中楼阁罢了。但是社会里这些阶级的人，倘使都是被天才和劳动所能创造出来的一切东西所包围着的话，那么他们就会觉得除了吃喝以外，还可发挥别的力量——他们也会觉得他们都有各种能力和情感的种子，可惜现在找不到可以下种的沃土——他们也会觉得将来的安全保证，现尚没有稳固的基础——那么在我们说起变革问题的时候，他们就会倾耳而听了。他们也会用尽才力和能力去探求生命的性质以及它的目的何在，并且他们也会承认现在的社会制度，确是需要一番大大的修改和订正——有的是确需增补的，而且有的是应该完全废除的。

无论是怎样的去看，这种各人只管自己利益的现存制度，倘使与各人利益都结合起来的制度相比，那么昭昭在目的事实，就是后者在任何方面都是有它的优越性的。倘使我们所要求的只不过是一般肉体上的舒服以及足衣足食的保证，那么共有共享和权利平等的制度就是对症的良方了——倘使我们都要一致行善修德并且压制一切恶意的动机而发扬普及的社会友爱等行为多少总是与社会的制度有一些关系的话，那么共有共享的制度正是我们所要求的一种制度了——倘使科学与技术的进军，脑力的正确培养与运用，以及实施成熟了的智慧所能计拟的一切规则时所需的种种便利，都是在一种社会里边所不可缺的事项，那么共有共享的制度，一定是一切制度中最为相宜的制度了。

人们一直也是尽心竭力互相勉励专心为善的，可惜只是凭着谆谆善诱的功夫来发扬公理和道德的原则罢了。至于一切包围我们的情况——一切为善和为恶的原动力——却是从未予以考虑；并且在现在的社会结构之下，既然大半的情况是不利于所述原则的实施，所以这些原则一定是不能发生效力而且是毫无所用的。人们必须管制住行动的诱因，然后才能管制住他们的行动；因为一切原则的价值只不过是依照原则是否能够付诸实践的程度的比例而定的，并且还只好依照原则是否能够与人类的经常需要和紧急需要相结合的程度的比例而定的。从一般的事物的性质以及它们间的行动和反动的相互作用来看，我们是可以肯定地说，每一个人都是有他的一定限度的身价的——限度固然是有的，可是超过限度的利诱亦是难以抗拒的——没有充分的诱惑因素，乃是人人能够忠实的共同保证。所以原则和利益必须是一致的；因为倘使他们是冲突的，恐怕我们的行为也就要朝三暮四似的了，我们的节操也靠不住了，我们的道德也不一定会常常战胜一切的了。经验证明这句话是真的，虽然它是人类的虚荣心所不堪忍受的；因为道德与宗教的自身力量是不能使人常常依照“已之所欲亦施于人”的道理去做的。现在围绕着我们的一切情况，几乎是每一个钟头都在

鼓动着我们去破坏这一伟大的规律，虽然原则是促使我们去奉行它；所以除非这些情况是予以统制和指导使有助于走向我们所欲达的目的，那么原则将成为常常在口头上听到而非在行动中常常见到的空论了。我们已经讨论过了的公理和平等原则，就将这样地创造并统治一切有利于道德和慈善的实施的情况，并且因此使人比较容易走上己之所欲亦施于人的道路，而不走到相反的道路上去。

现在许多的人，也像经济学家与搞政治的人一样，用一种狭小的眼光来观察现在的社会情况，以为现在存在的祸害乃是由于人民没有知识所促成的；并且为了要填补这一缺陷，他们都想要建立一种国民教育制度，并且使得一切的人都有阅读和写作的能力。但是因为现在的祸害根源就是在现在的社会结构里边，所以在这种结构无所改变的时候，单凭知识的力量去消除这些祸害将是无济于事的。生活的舒服，乃是培养大众的满足和社会的和谐的唯一基础，亦是知识和道德能够永远生根而且还能开花结果的基础。

脑力的培养——亦即新的需求和愿望的形成——并不会使我们的身体，对于一切的劳役和艰苦，变得麻木不仁，也并不使我们的心，对于一切的侮辱和伤害，变得不知不觉，而是要使我们的身与心，对于一切这些印象的敏感，增加到无穷无尽的程度，并且会使过去几乎是不知不觉的担负现已变得难以忍受得住了。只有在境况较为安逸的条件之下，知识对于节操和道德二者才能起着促进的作用。倘使我们的境况没有改进而知识和需求却逐步前进，那么我们的过失与罪恶亦将逐步前进，因为它们的主要原因，与其说是愚昧无知，不如说是肉体的苦楚。人们的不满都是从满足欲望的资料不足而来的；并且凡是要增长欲望而不能同时增加满足欲望的资料的措施——这就破坏了自然存在于低级的肉体生活与理智生活间的平衡——就将引起社会的骚动以及现存制度的破坏。每一次的政治示威和每一次的工会集合，都是运用理智的结果，目的在于将肉体的人提高到理智的人的水平——亦即将满足欲望的资料提高到欲望的水平——亦即将理想与实行的步骤放得速度一致。

虽然有些主张政治变革的人们大胆公认只有通过暴力才能实现任何有利的措施，但是还有另一些人们却以为一切的东西，毕竟总是可以用说服的方法得到的。政治权力的获得，或将使劳动阶级有利，或将使之不能得任何利益。倘使是对他们有利的，为什么共和政体的美国的劳动人民还是生存在上面所述的那种情形之下呢？——并且倘使是对他们无利的，为什么大家都要争取它（政治权力）而不争取一切别的东西呢？假使普选和其他的必需条件都得到了——国会的议员个个都是工人们所选举出来的并且个个都是工人——可是这种假定绝对不可能共同存在的。只要上议院与国王是构成政府的一部分时，这种样子的一个国会自然是一点也不能自由行动的，而且是每动必败等于落空的。我们不妨再假定这两种对于政治改进的障碍都是去掉了，并且政治权力都交托给生产的人们了——这一假定当然比上面的任何假定更靠不住了。这样组成的一个政府的首要使命，就是要在雇主与雇佣者之间负起干涉的责任。增加工资和减少劳动时间的法律自然就会由它制定出来——许多地方的机器将被拆除——雇主拒绝雇用二流子的权力将要撤销——并且社会的商务法规就将不时改变以应某些阶

级的生产者的迫切需要。这一切都将形成社会演变——它们将影响现在构成社会的各阶级的相对地位，但是并没有改正来自这种阶级分划的祸害——生产是在杂乱的和时常改变的设施中进行——互相交替地压低这一阶级和提高那一阶级，并且使社会成为专横和憎恨的温床。

凡是搞政治的人和搞工会的人所争取的一切变革，必须干预现存的社会设施才能发生效力，而且就这样地在事实上就成为社会的变革了。资本家们清清楚楚地看到这一桩事情正像他们看到工人是不满于他的命运一样。生产者的要求和希望是可以在他的行动里看出来的，并且也在他们的一切动向中表现出来的。事情就是如此——既然看见在他的眼前，除了夺取他的财产和毁灭他的势力之外，就别无任何东西了，倘使劳动人民是取得政治权力的话——难道我们还可以假定资本家会将一种武器，放到他的自然的敌人的手里去么？——难道他会将政治权力交给农奴，而毫无代价地去冒那种风险，将自己的地位和积累都断送掉么？凡是以为资本家们或者他们的政府，即使没有为敌人的实力所逼，也会出此自杀下策的人们，未免是太不懂人情了啊。劳动人民的脑力是这样地为人所轻视——他和他的能力是这样彻头彻尾地被社会里别的阶级所玩弄与鄙视——所以任何一点为工人着想的不着边际的渺茫利益，或者任何一点要从资本家身上拿走的东西，都将由执掌大权者予以保留，一直到了无法再安全保留的最后一分钟为止。这样看来，既然政治权力的本身就是难以在劳动人民手里掌握的武器——因为除了实力以外就很难有任何其他方法可以取得这种权力了——所以我们就不可一刻不考虑到用较安全和较公正的方

法，立即向着归根结底是一切其他变革的最后目的的共有共享领域进军；并且这是能够用收购方法做成的，无须要武力或内乱来相伴的。

关于一切真的或假的朋友向他们提出任何一个和每一个救治方法的一桩事情，劳动阶级的人应该用远大的眼光，来观察他们现在的整个地位——他们的劳役的多少，他们怎样的依赖和隶属别的阶级，他们的报酬的微薄，以及他们在年老时候的可能境况——并且用他们在这个题目上所能起的作用，来测验一切这些救治方法。倘使有人告诉生产者们去想法夺取政权——去争取这一种或那一种政府措施——他就应该向一切要领导他的人打听打听："这一变革会减轻我的劳役么，会增加我的享受么，会增多我的独立么，会担保我的工作和报酬一直到老么，并且还会维持我舒舒服服地一直到死么？"我们之所以要求变革，无非就是要得到这一切罢了，并且凡是与此相反的情形，亦就是我们所要去救治的。所以每一种救治方法，在使用权利平等的测验面前，就要退避三舍了的——每一种救治方法都申明只能按劳动阶级的身份来改变劳动阶级的人的地位的——每一种救治方法并不立时就抓住基本原则而且亦不根除现在存在的迫害与祸患的原因的，都是应该侦查明白同为理性与公理之所不容的。

在强权与公理之间现在正在进行的冲突里边，并且在人们正在争论到底他们所必须用到的武器，还是暴力好呢，抑是理智好呢的时候，他们对于有关如何运用这两种力量的以往经验，必须是不可忽视的。但是这种考虑并不影响财产共有制度的建立；因为它既不靠暴力，也不靠一种方法，来促使政府相信它的必要性，而是

专靠一笔足够的基金的筹集,俾得依照上面所解析过了的原则,立即收购现存的固定资本,或者在营业以后采用分期付款的办法。

我们可以有两种方法来完成单纯的政府改革:第一是用说服的方法,第二是用强迫的方法。要使人民革命能有成效,总是要先行说服,然后方可继之以暴力;因为暴力只能建业而不能长期守成。在人民不知人权为何物时,固然是可以劝导他们或强迫他们服从专制政治。在他们略有这种知识或者了解到一知半解的程度时,他们就很有可能要推翻他们的政府了;但是,倘使他们是这样地成功了的话,他们几乎一定要失掉他们的一切胜利成果的。只是在有关原理的知识广泛地传播开了以后,并且要求改革的欲望也像这种知识普及了以后所将要求的一样,那么这一个民族就是不可战胜的了,并且也没有一种与人民大众的力量相对抗和相敌对的力量,能够存在得这样长久了。

但是,受压迫的人的力量,在它与压迫者的力量交锋的时候,固然是所向无敌的,可是在以往的记录里边,竟没有一言一语提到一个国家的人民大众,曾经得到过他们的力量替他们赢得的胜利的成果。他们所已经做过了的事情,只不过是用他们所推倒的东西的碎块断片,将一种改头换面的暴政又建立起来;并且只要他们对于不平等交换的原则和一切暴政由以产生的不平等情况一天置之不顾和不加约束,那么他们的一切努力,或者是诉诸武力,或者是一时破坏专制的政府,就将一天不能推动真正自由的前进。正确的救治方案的成立,并不在于一个政府的破坏,而是在于现存的社会制度的毁灭;所以我们将要利用的正确工具是理性而不是暴力——是信服而不是强迫——是收购而不是抢劫——是有系统地应用一切联合的力量，而不是一种无纪律的乱动。

由于现在的社会设施所压在生产阶级身上的负担的估计是否正确的问题，倒是没有多大重要性的。这些估计实在就可以作为一种对于现仍存在的制度的描述；并且我们对于社会现状和阶级的收益只须偶尔一看，立即就能指出生产者的种种损失，并不算估计得过高。虽然其中一些负担是可以减轻的，并且许多现存的社会祸害是可以通过政府的各种措施而加以限制的，但是这一类的局部改进，并不能算是维持现在的制度的理由。一切现存的错误都是在原则上的错误——在理性，公理，和平等权利上所犯的错误——所以必须是在原则上予以消除。

既然有关现在的制度的性质与趋势的知识是普遍地传播开了——既然生产阶级的注意力是由政府的变革转移到社会的变革了——既然他们开始要团结一切分散的力量并且要采取各种手段向着他们的目标去做了——既然这些准备好了的步骤都是在向前进行着了，所以许多冒牌的先知和别有用心的说客就都乘机而起，并且企图将人民引导和骗诱到歧途上去。同时，在考虑到所欲达的目的的性质和重要的时候——在看到它和现在的社会的组成以及从这样组成的社会而来的政府的冷酷无情和野蛮残暴的特质有何关系的时候——无疑地，参议员席上的滔滔大论和教士讲台上的现身说法将加紧速度接踵而来，一致反对一切对现存制度的改革者。充满了政府专制的野蛮的和流血的纪录的历史的每一页里，也对我们作了这样的警告：凡是对于一种社会变革的判罪，倘使用尽了一切的咒骂也是徒然的话，那么用大炮和刺刀来讲道理的时候就将到了。但是这样性质的想法是与真理的寻求者不相干的，并且它们对于他所看到的原则也是不能损其一毫一丝的。个人并没有力量决定个别的变革是必须怎样地去完成的。他们可以将信心寄托在原则上面，而静待事件的结果就好了。各方面所表示的，都在不至于被人误会的大声中告诉我们，一切伟大变革的要素都是在酝酿着了；并且不管目前的光景是怎么样的，较光明和较好的先驱是可以看得到了。我们心中的一线亮光现正是光芒四射，照透了强权时代的黑暗边界，并且在公理时代负起了先驱的使命！

图书在版编目(CIP)数据

对劳动的迫害及其救治方案/(英)约翰·勃雷著;袁贤能译.—北京:商务印书馆,2017
(汉译世界学术名著丛书:120年纪念版:珍藏本)
ISBN 978-7-100-14391-2

Ⅰ.①对… Ⅱ.①约… ②袁… Ⅲ.①社会主义—政治思想史—英国 Ⅳ.①D091.6

中国版本图书馆CIP数据核字(2017)第152373号

汉译世界学术名著丛书
(120年纪念版·珍藏本)
对劳动的迫害及其救治方案
或
强权时代与公理时代
〔英〕约翰·勃雷 著
袁贤能 译

商 务 印 书 馆 出 版
(北京王府井大街36号 邮政编码100710)
商 务 印 书 馆 发 行
北京新华印刷有限公司印刷
ISBN 978-7-100-14391-2

2017年12月第1版　　开本710×1000 1/16
2017年12月北京第1次印刷　　印张16¼
定价:82.00元